大学，你得好好读

第 ② 版

梁 钦 著

上海交通大学出版社
SHANGHAI JIAO TONG UNIVERSITY PRESS

内容提要

　　本书是上海交通大学梁钦老师陪伴学生成长、为学生答疑解惑而撰写的周记精粹，包括大学适应篇、学习规划篇、人际交往篇、心理情感篇、理想信念篇五个板块，针对当代大学生在校园生活中遇到的烦恼与困惑，紧紧围绕如何真正地迈入大学、如何度过大学、如何规划大学之后的人生这三个核心问题展开探讨。本书文字流畅、插图精美，具有极强的可读性和指导性。

　　本书适合高校教师、家长、大学生、高中生等阅读。

图书在版编目（CIP）数据

　　大学，你得好好读/梁钦著. 一2版. 一上海：
上海交通大学出版社，2024.6（2024.10 重印）
　　ISBN 978-7-313-30823-8

　　Ⅰ. ①大⋯　Ⅱ. ①梁⋯　Ⅲ. ①大学生－学生生活－通
俗读物　Ⅳ. ①G645.5-49

　　中国国家版本馆 CIP 数据核字（2024）第 106822 号

大学，你得好好读（第 2 版）
DAXUE，NI DEI HAOHAODU（DI 2 BAN）

著　　者：梁　钦
出版发行：上海交通大学出版社　　　　地　　址：上海市番禺路 951 号
邮政编码：200030　　　　　　　　　　电　　话：021-64071208
印　　制：上海万卷印刷股份有限公司　经　　销：全国新华书店
开　　本：710mm×1000mm　1/16　　　印　　张：15.5
字　　数：173 千字
版　　次：2018 年 7 月第 1 版　2024 年 6 月第 2 版　印　　次：2024 年 10 月第 4 次印刷
书　　号：ISBN 978-7-313-30823-8
定　　价：49.80 元

本书由"教育部高校思想政治工作创新发展中心（上海交通大学）专著出版资助计划"支持出版

教育部高校思想政治工作创新发展中心

（上海交通大学）系列专著·简介

　　为不断提高大学生思想政治教育工作的针对性和实效性，落实立德树人根本任务，鼓励思政工作者聚焦工作中的难点和前沿问题开展研究工作，总结新时代思想政治工作和大学生成长规律，特推出教育部高校思想政治工作创新发展中心（上海交通大学）系列专著。

　　专著通过对理论创新、工作案例、特色经验等方面的成果梳理，凝练大学生思想政治教育工作中的经验和体会，促进理论和实践成果的转化应用，切实提升大学生思政工作科学化水平。

前　言

从 2012 年留校工作算起，不知不觉今年已经是第 12 个年头了。因为名字的谐音，我成为学生口中的"娘亲"。我一直很喜欢和学生交流，倾听他们成长的快乐和烦恼。除了日常和学生的面对面交流，我也一直在互联网上为学生们撰写原创周记，解答他们的各类问题。

通过便捷的网络平台，我也有机会接触来自全国各地的大学生们，还有一些对大学充满憧憬的初高中学生。学生们的问题涉及大学学习、生活的方方面面。本书所选的文章都源自平时和学生们的交流问答。

从幼儿园到高中，一直以来，学生们的最终目标唯一且明确，那就是考上一所理想的大学。高中时，班主任会对我们说："只要考上好大学，想怎么玩都行！"家长会对我们说："辛苦三年，幸福一生。只要考上好大学，我就不管你了！"

"上大学后就轻松了"，只要经历过高考的学生都会有这样的印象，而大学也似乎真的比高中"轻松"：我们不需要一周从早到晚地上课，不会被任课老师耳提面命地教导，也不会被班主任、父母时刻督促。

只是，在这里我们需要重新定义"轻松"的概念：大学的轻松在于它宽松、自由的环境，大家拥有了更多主动选择的机会，需要自己设置目标并为之努力，同时培养自我管理的能力。

因此，想要读好大学其实并不轻松。

　　高中和大学有什么不同？

　　大学不谈恋爱是不是不完整？

　　要不要入党呢？

　　什么是所谓的"前途"？

　　为什么大学会让人如此迷茫？

　　……

工作以来，我遇到过优秀的学生、"别人家的孩子"；也遇到过迷茫、困惑，甚至"堕落"的学生。是什么造成了他们的差距？为什么进入同一所大学的同学，毕业时的差距会如此之大？

其实，我觉得最主要的原因在于他们度过大学时光的方式不同。那大学到底应该怎么读呢？这就是本书想为大家解答的问题。

全书分为 5 个部分，让我们从 5 个方面好好地"读大学"。

第 1 部分　大学适应篇

大学和高中有哪些变化？这一篇告诉初入大学的你应该怎样快速地适应大学的学习生活。

第 2 部分　学习规划篇

学习应该始终是大学阶段的主要任务，这一篇指导你如何进行大学的学习规划和未来的职业规划。

第3部分　人际交往篇

如何坦然面对大学的各种关系是大学的一门必修课，这一篇教会你如何处理好大学里的各类关系。

第4部分　心理情感篇

心理情感问题一直困扰着当代大学生，这一篇帮助你应对心理情感的诸多困惑。

第5部分　理想信念篇

正如习近平总书记提醒青年学生的"人生的扣子从一开始就要扣好"，树立正确的理想信念对于大学生而言尤其重要，这一篇帮助你进一步坚定理想信念。

此外，本书还有一个附录，解答大学生的各种常见问题。

进入大学后，我们面对的是整个将由自己主导的人生。你也许会恐惧，也许会无助，也许会觉得这种压力是多么的沉重。没错，因为长大就是这样。从现在开始，我们需要承担责任，每一个选择的责任，每一次成功或失败的责任。

设定了目标，不要放弃，不要偷懒，因为没有人会为我们分担后果。尝试去做一个对自己负责的人，从规划自己的未来、踏实做好眼前每一件事入手，让大学作为一个好的开始，画出我们指数向上的人生轨迹。

目 录

第 1 部分　大学适应篇

为什么大学会让人如此迷茫？

第 *2* 部分　学习规划篇
大学最大的误区

第 *3* 部分　人际交往篇
请让你的孤独恰到好处

第 *4* 部分　心理情感篇
年轻的你为什么不敢呢？

第 *5* 部分　理想信念篇
什么是所谓的"前途"？

第 **1** 部分

大学适应篇

为什么大学会让人如此迷茫？

"高考完就解放了"，这句话欺骗了多少人?

面对高考的巨大压力，身边人常常会用"高考完就解放了"这句话来安慰和鼓励考生们。但是，高考结束，并不是我们学习生涯的终点。

临近高考成绩放榜的时候，考生和家长的心情大多很焦虑，因为十余年寒窗苦读的成果，似乎都在高考这个时候一见分晓。

高考分数重要吗? 当然很重要!

它是对十余年寒窗苦读的检验，毕竟那么长的时间里，我们只努力在做一件事——学习。

好的分数意味着一个人可以进入一所好的大学，融入一种更好的环境与氛围，拥有更好的设施与资源，也意味着有更多的可能性和更广阔的发展空间。

但是，高考分数之于人生真的那么重要吗? 并不是!

人生那么长，纵使是高考那么重要的一次考试也决定不了这一生。

四年后的大学毕业季，"好"学校的学生中也不乏毕业即失业、在家"啃老"的，也有很多所谓"差"学校的学生找到了很棒的工作。

娘亲从 2016 年开始参与上海交通大学在浙江省的招生工作，见过很多的考生，也在有意识地注意他们的发展轨迹。

曾经发生过这样一件事，让我印象很深刻。

有一年招生的时候，有两个男孩找我咨询，他们都特别想考上海交大。A 同学的预估分数应该能进，B 同学的差一点。因为高考成绩还没有出来，所以 B 同学仍抱着一丝希望。

作为招生老师，我对他俩表示了祝福，也跟 B 同学说，如果本科没进交大也没关系，过几年还可以考过来读研究生。

慢慢地，我就把这件事淡忘了。

三年后，我突然接到了 B 同学的电话。当年，他并没有被交大录取，而是去了南方的一所"211"大学。在大学期间，因为有了到交大继续读书的目标，他学习异常刻苦努力，最终被交大的老牌学院直博录取了。

我也间接地了解到 A 同学的一些情况。当初被交大录取后，A 同学没有很好地规划大学生活，毕业时想要保研但成绩差了一些，考研又没考上，最终找工作也屡屡碰壁。所幸的是，他最后还是找到了一份自己还算满意的工作。

曾经的我们总是简单地认为"高考分数的高低""录取学校的好坏"就是一切，就是评价一位同学未来能否成功的标准，殊不知那只是刚刚开始，只是人生的一小步，并不能评判成败、论定一生。

高考只是我们漫长人生中的一个路口，未来还有很长的路，还有更多更复杂的路口。高考后的规划比高考本身具有更长远的意义。

在高考后，我们需要思考的是：

下一阶段，我们的目标是什么？

我们如何为这一目标而拼搏、选择？

从更长远的角度来看，我们如何在平凡的生活里实现人生价值的追求？

未来，我们能否勇敢面对、坦然接受自己拼搏与抉择的结果？

这才是高考于我们的真正意义，它是未来新的开始，而不是人生的定局。

接受你的大学

十几年的寒窗苦读，过去三年的勤奋努力，高考考场上的奋笔疾书，填报志愿时的诚惶诚恐，等待录取时的焦虑不安，终会让你与一所大学结下一生的不解之缘。

在你迈入大学校门的那一刻，你也许是欣喜的，也许是失望的，但是这一切都已注定——是的，这是你的大学，你将度过四年青春岁月的地方，四年以后被称为"母校"的地方，此生你将不时怀念的地方。

为什么会和这所大学有这样注定的缘分？这答案中的因缘际会，也许只有你自己才知道，也许连你自己也不知道。

也许你的大学是令人羡慕的"别人家的大学"，但是，那也只是代表过去，你的大学并不代表你进入了"成功"的保险箱。也许你的大学没有靠前的排名、没有响亮的名气，你对"别人家的大学"充满羡慕，或者为自己过去的不努力而感到后悔，但往者不可谏。

无论如何，现在的你能做的就是接受你的大学、热爱你的大学，因为这是你的过往开出的"花"，这也是你的大学教给你的第一课：既然是自己浇灌的、选择的"花儿"，无论是否绚烂，都要接受。

当然，大学也仅仅是人生中的一站，这朵花会结出怎样的果，与过去没有关系，而是取决于大学这几年你怎样度过。所以，要想结出自己追求的"果"，大学你得好好读。其实，无论是怎样的大学，都会在你的人生中打下深深的烙印。这里不仅是你接受高等教育的地方，也是你成长、成熟的地方，会让你拥有终生难忘的青春回忆。

"大学之道，在明明德"。在每一所大学，你都能体验到更为深入的学科研究，接触各种各样的社团活动，结交来自五湖四海的朋友，大学是让你从"未成年"的学生成长为有责任、有担当的社会人才的地方。

互联网上有一个激烈的争论，就是"为什么上大学"。有一篇点击率很高的文章概括了十点收获，分别是友谊、修养、独立思考能力、知识、学历、文凭、人际交往能力、见识、自我成长、美好的回忆。而大家更关注的是如何在自己的大学里获得这些成长，要相信：只要你愿意，你的大学可以提供的远比你想象的多得多。

对于各位同学来说，你们不是大学的过客，而是大学活生生的组成部分，大学因为有你们而变得灿烂。你们在大学的四年里，是被教育、被培养的角色，但千千万万的你们聚在一起，又塑造了各自大学的精神和形象，两者是相辅相成的。

所谓母校，就是我们自己可以吐槽，但是决不允许别人说她任何不好的地方。所以，接受你的大学，热爱你的大学，你和她的缘分是因为你的过去，她和你的缘分却是你的未来。

让父母送你来大学吧

告别炎热的暑假，我们迎来了九月的开学季。新生小吴给我留言："老师，开学了，我爸想送我去上学，但是我家比较远，爸爸工作也挺忙的，一来一回可能要几天，您觉得应该让爸爸送我来大学吗？"我问小吴："你的想法呢？"小吴说自己挺想的，觉得爸爸陪着来更安心，也想和爸爸一起见证他进入大学的时刻。

小吴的提问，让我想起大四学生小李和我的对话。那天，小李特别兴奋地和我说，父母要来参加他的毕业典礼了。大一开学时，因为路途遥远，加之家里经济比较困难，父母没能陪同来报到，这件事小李一直有所遗憾。于是大学四年来，他努力学习，拿了奖学金，也参加了很多勤工助学。终于，大学毕业时，在他的精心策划下，父母第一次来到了上海，在学校和他一起参加了毕业典礼。小李说，父母脸上洋溢的笑容让他觉得无比幸福。

和小李一样，我也有类似的遗憾——当初到大学报到，我就是一个人去的。倒不是家人不愿意送，而是父亲那时候生病，母亲因照看父亲而走不开，没有陪同的条件。开学那天，我独自一人扛着行李，完成了

全部的报到环节。虽然整个环节有老师和学姐学长的一站式陪同和帮忙，但心里总感到有所"缺憾"，尤其是看到旁边那些有家人陪同的同学，内心很是羡慕。所以，研究生入学时，我强烈要求母亲"送"我来学校。说是要求母亲送，其实是想借着这个机会带母亲到上海玩一玩，这也是她第一次来上海。报到完成后，我带母亲逛了逛校园，还带她去了城隍庙、外滩、金茂大厦。虽然很累，但是母亲全程都很开心，这让我觉得很值得。

我和小吴分享了这两个故事，然后和他说："嘿嘿，没什么好犹豫的了，让爸爸送吧。"我说："条件允许的话，提前一两天过来，因为报到那天人比较多。可以和爸爸一起打卡学校的校门、图书馆、宿舍、食堂、教室，还有学校的标志性建筑，让爸爸了解一下你未来学习、生活的地方。当然，还可以逛逛上海，这是非常难得的陪家人的机会。大学是人生新的开始，让爸妈一起见证这个人生的重要节点吧。"

有句话是这样说的："世界上所有的爱都是在一起，只有父母的爱是分离。"是啊，父母的爱是矛盾的，他们希望我们远走高飞，更上一层楼，但又不希望我们离家太远。学校离家近，和父母还可时常见面；而对于学校离家较远的学生来说，半年或一年才能回趟家，从此以后的记忆中，父母只剩背影，故乡只有冬夏。

爸妈把你送进大学的时候，时间好像又回到了小时候父母送你到幼儿园，只是那时候你可以哭可以闹，现在的你虽然心有不舍，但仍然强颜欢笑。父母也是一样，让他们再一次把你当个孩子吧。

就如圣地亚哥州立大学给新生的建议：

请明天来报到的新生注意一下，一个小小的请求……

当你的母亲想挂好你带来的所有衣服并帮你铺床时，由着她吧。

当你的父亲想向你身边的所有人介绍他自己时，由着他吧。

当这个周末你父母想跟你到处逛逛并拍照时，由着他们吧。

如果他们使你感到尴尬或者表现得很疯狂，也由他们去吧。

因为在你开启人生的新篇章时，他们同样也在开启着他们的新篇章。无论你信或不信，这对他们来说可能比你更艰难。

有人会说，大学需要培养孩子的独立自主能力。但是，培养并不急于一时。父母送孩子上大学，对孩子来说是一次"陪同"，对父母来说却是一次"告别"。就像一位家长说的："陪孩子走进大学，把他送到新一段人生的起点，后面的就靠孩子自己走了。"

所以，让父母送你来大学吧。

一起"断奶"吧

新生们进行"体验式培训"的时候，娘亲看到一位爸爸和一位妈妈站在门口，得知他们是两名四川籍学生的家长。我让这两位家长到我办公室坐坐，他们微笑着说"不了"。我说："要不到教室里面看他们培训吧。"家长说怕打扰孩子们，听着他们在里面欢快的声音就很满足了。

周一晚上，英语水平考试后我和这两名四川籍学生以及他们的室友做了交流。上文中爸爸的孩子小张来自四川巴中，妈妈的孩子小邓来自四川阆中，他们是这一级仅有的两名四川籍学生。

小张说他 11 号到校，由爸爸陪着坐火车硬座，经过 26 个小时才到上海。小邓是 12 号上午报到当天才到上海，由妈妈陪同。因为家里还有事，两位家长还没来得及好好地看看上海，13 号就匆匆忙忙地回去了。他们的室友小徐来自江西宜春，是一位喜欢羽毛球、热爱古代文化的男孩。谈起爸爸妈妈，小徐很感慨："以前总是把父母的爱当作理所当然，现在他们离开了才知道可贵，才知道珍惜。"

我不禁想起了交大开学典礼的视频——《爸妈》。视频中新生浩天挥别父母独自来到交大。浩天爸爸说，当他得知儿子被交大录取的时候，在微信朋友圈发过一段文字，最后一句是"有多远走多远"。但是爸爸说，话虽如此，没有一个父母真正想让自己的孩子离开身边太远。

这一周的开学，见到了太多的父母，也经历了太多的感动。我们物理与天文学院这一级的学生当中三分之二不是上海人，最北的来自黑龙江，最南的来自香港、澳门，他们大多数都是首次离开父母。但是，成长往往就伴随着分离。

记得有一次我送孩子去幼儿园时，一路上他哭嚷着"不想离开妈妈，不想上学"。在幼儿园，老师牵过孩子的手，偷偷地和我说："只有你舍得放手，他才能慢慢适应。"孩子断奶的时间并不长，对于大学生来说，大学是人生的又一个关键的"断乳期"，是形成独立人格、自理能力的关键时期。

开学第一周，同学们还没来得及从和家长分离的焦虑中走出来，就步入了繁忙的大学生活。"乱花渐欲迷人眼"，典礼、培训、讲座、课程、科研、社团、志愿服务等活动犹如惊喜的宝藏，等待着同学们去发现，去探索，去体验。

新的环境、新的同伴、新的生活带来了刚上大学的兴奋与激动，也伴随着对未来成长发展的迷茫和困惑。当新鲜劲褪去，经历了备考、小组汇报和社团活动组织等活动的繁忙后，同学们可能会觉得很疲劳，疲惫了，想家了，但其实这些都是不断的成长中必须面对的。

家长能做的是放手，而同学们能做的就是独立。只有自己去开拓，道路才会越来越宽广。所以，进入大学后，让我们一起"断奶"，学会独立成长吧！

为什么大学会让人如此迷茫？

刚升大二的小 Q 就未来规划找娘亲交流。小 Q 是一个工科学生，成绩在年级中上，努力一下也可能保研，但他一直喜欢码文字，有了转行的想法。到底是出国、就业还是读研呢？到底是继续学工科还是转向喜爱的文科呢？和一般同学的"没有目标"不一样，小 Q 的迷茫在于"未知的选择太多"。

"为什么大学会让人如此迷茫呢？"小 Q 满脸纠结地问。调查显示，有超过 60％的大学生对自己的大学生活感到迷茫，大部分同学在大一、大二期间不知道自己将来的规划，也有很多大三、大四的同学仍处于混沌中。

其实这个问题，我几乎跟每届同学都探讨过。为什么大学生会如此迷茫呢？因为大学跟高中太不相同了：开放式、启发式的教学；更多的自由分配时间；当然，还有一个非常重要的原因——因人而异、不再单一而纯粹的既定目标。正是如此，大多数同学失去了明确的人生目标和清晰的人生规划，一时之间无所适从。

我们大多数同学自小唯一的目标就是考上好大学。那么，进入大学之后呢？未来似乎变得有无限可能，每个人都有各种选择和广阔的前景。但是这纷繁的种种，满是机会，也满是诱惑，有欣喜，也会让人手足无措。

当然，如果像小Q这样选择太多，觉得自己都感兴趣、都能行，每个都想去尝试，那也会因目标分散、精力不足而饱受困扰。因此，进行各种尝试与准备、确定合适的目标要循序渐进，并不是一朝一夕就能完成的，而这个过程其实是大学期间始终要思考、终究要面对的必修课。

在这里，我对小Q等同学的建议是：

第一，学好本专业课程，任何时候都不要荒废学业。在目标不能马上确定的时候该怎么办？很简单，好好学习。中国科学院院士施一公曾对学生说过："在你还不明白自己要干什么的时候，也不要荒废学业。"施一公院士现在是世界顶级的结构生物学专家，但是大学时期的他并没有明确的目标，专业课程也听不太懂。所幸的是，他一直没有放弃专业课程的学习。之后他出国深造，成了美国约翰斯·霍普金斯大学医学院的博士研究生。等真正进入生命科学领域后，他才发现自己对这个学科如此感兴趣。他曾说："如果我以前因为没有兴趣而荒废学业的话，我想，我可能一辈子也不会找到自己的兴趣了。"所以，在没有确定自己的兴趣和目标前，一定不能荒废自己的学业！

第二，有了兴趣和目标，一定要花时间去尝试和实践。小Q说想转向文学传播方向，那他对于这个行业到底了解多少呢？说实话，每年转专业期间很多同学都蠢蠢欲动，但是一些同学转了之后就后悔了。因为很多学科都是在未知的前提下被美化了，转完之后才发现和自己的预期完全不一样。其实细究起来，每个学科都不容易，深入学习时都会有枯

燥的内容、需要努力思考的问题，乃至让人费解的难题与瓶颈。与其自我烦恼与困扰，不如去深入了解。所以我建议小 Q 去旁听一些传播学的课程，可以和那边的老师、学姐学长交流。假期如果有时间也可以进行相关方面的实习，在学有余力的情况下，可以学习一个"二专"。在确定自己真正喜爱的行业之后，再结合该行业的具体情况和自身的发展需求来决定毕业后是直接就业、国内升学还是出国留学，最后制订出符合实际的人生规划并付诸行动。正如我们常说的"实践是检验真理的唯一标准"，希望小 Q 任何时候的决定都不是基于想象与冲动，而是在充分了解、调查的基础上做出的。

　　大学美好而短暂，对于人生的发展至关重要。我们可以迷茫，但不能放弃；我们可以有紧迫感，但不要过分焦虑；我们要充分实践，而不能一味臆测空想。如果没有目标和兴趣，那就努力去发掘、去培养；如果目标太多、兴趣太广，那就不要害怕试错，勇敢地去尝试，深入地调研，大胆地排除，直到找到自己愿意与之相伴、为之奋斗、为之奉献的事业，实现自己的价值。

听说大一首次出成绩的你，心情很糟糕

最近在论坛上看到小丽的公开帖子，大一上学期刚结束，预估自己的最终排名是专业前 45%。

帖子原文如下：

"大一新生，上学期的成绩陆续出来了，和自己预想的差距极大，有一门专业课低得离谱（我严重怀疑老师批卷的时候压分了），现在排名是专业前 45%，但还有一门平均分很低而我考了满分的课成绩没录入系统，所以说最后专业前 40% 应该没问题。平均绩点目前＊＊，刚好前一半。想跨专业保研，但是成绩可能不允许。甚至在前面提到的那门专业课成绩一出来的时候立马去搜出国留学中介（汗）。

我现在是不是太焦虑了啊？大家大一的时候有为学分绩点这么苦恼过吗？现在就改变未来规划会不会太早啊？

还有一件很重要的事情，我害怕大一上的学分绩点不理想会影响后面奖学金申请、交换生申请和各种培养计划申请，所以我现在就是在家里一边躺平一边焦虑。

各位 uu 们可以给我讲讲过来人的建议吗?"

小丽很焦虑,近一点担心大一上的平均绩点不理想会影响后面的奖学金申请、交换生申请和各种培养计划申请,远一点担心影响将来跨专业保研。

看到这个帖子,觉得这个小朋友有几点值得肯定:一是重视自身学业。小丽提到学业中有一门平均分很低,但她考了满分,证明在学习方面,她还是有能力和优势的。二是已经开始做未来规划。说实话,娘亲认识的很多大一同学都是迷迷糊糊的,有个别还在祈祷"及格万岁",但是小丽已经开始做自己的大学规划,甚至于毕业后的规划,这点值得肯定。但是小丽现在很焦虑,其实可以避免和改变这种状态。

娘亲经常说的一句话是"接受不能改变的,改变能改变的"。怎么

理解呢？对于小丽，已有的期末考试成绩和排名就是基本不能改变的。也有一些网友在回复中提到了查分事宜。但在我多年的工作经历中，很少听到查分后发现成绩确实有问题的案例。所以，既然考试已经结束，那么就不要再去纠结成绩和排名了，既定事实是很难改变的。对于小丽，可以改变的是什么呢？一是未来的成绩和排名。大一上的成绩只是保研之前 6 个学期中的一个学期（大四上保研，看前面 6 个学期的成绩），小丽还有 5 个学期的机会。所以，下个学期继续努力是来得及的。娘亲之前遇到一位同学，大一上学期有一门还挂科了，排名是倒数，后面通过自己的努力，迎难而上，最后还是拿到了保研名额。二是将来的跨专业保研。按照小丽的预估自己排名在专业前 40％，其实可以咨询下相关教务老师和辅导员。因为一般情况下，各个专业都会有同学选择出国或者放弃保研。如果这个专业的保研数据是前 35％，往往会扩展到前 40％，甚至更后面。所以，小丽，你不必过于焦虑。回到家的你，可以好好放松一下，舒缓精神，把注意力从紧张的学习和竞争中稍稍转移出来。还有，大学里除了学习，还有很多有趣的事可以做，如参加社团活动，观看校园文娱演出，欣赏校园的建筑和风光，与朋友一起谈天说地……最后，祝愿小丽的努力和规划能得到对等的回报，"有志者，事竟成"！

为什么上了大学更容易陷入低落的情绪中？

无意间刷到了这个帖子：

高中的时候也经常会因为考试失利、与同学关系处理不好、同伴压力（peerpressure）等而感到失落沮丧，但都不会持续太长时间，很多时候睡一觉起来就会好很多，又能够比较好地投入紧张的学习中了。

上了大学，低落情绪肉眼可见地变多了，而且其中掺杂的更多是深深的无力感、一事无成的挫败感。"祸不单行"也出现得更加频繁，往往是很长一段时间接连受到多次挫折，却没有能够让自己高兴、振奋，感觉生活充满了希望的事情发生，完全不像高中时那样很容易就从阴影中走出来了。

欢乐的日子虽然有，但感觉总很短暂，总停留在回忆中，总是虚无缥缈，像空中楼阁。

是因为我不够努力？

是因为同龄人太强？

是因为自己没有自知之明，不自量力、以卵击石？

是因为自己不够知足，明知遥不可及却总想要更好的？

是因为什么呢？

卷也卷不动，躺也躺不平，一瓶子不满，半瓶子晃荡。

读完上面的帖子，娘亲也被触动了。

我们常说大学是从学校到社会的过渡阶段。高中时，大家只考虑成绩这一件事；但是到了大学，生活中出现了成绩之外的太多外在因素，甚至包括未来的人生。人人都有太多无能为力的时刻。

一方面，是学习之外的种种因素：社团、科研、恋爱，甚至于家庭背景。有网友是这么说的："因为高中你只需要关注考试成绩，大学你会发现还有好多人在参与学生工作、谈恋爱、参加社团活动、做科研。"

高中时，平时考试失利对高考结果没有任何实质性的影响。大学考砸了，虽然存在重修的可能，但很可能会影响专业分流、转专业以及保研等。和身边人的竞争不再仅由一场考试决定，而是由数十门课程考评结果综合决定。

另一方面，是未来前途的各种未知。高中时的目标就是高考，非常明确，大学时的目标需要自己定，充满了太多的未知。例如：

未来是选择就业还是继续读书？

继续读书是保研还是考研？

如果保研，是国内还是国外？

如果国内，是本校还是外校？

如果本校，是本专业还是外专业？

……

大学总是面临着各种选择题，甚至有些选择稍加不慎就会影响一生。

虽然我们听过了那么多的大道理，还是很难过好这一生，但娘亲还是想提两点建议：

一是关于大学里的种种竞争：希望大家能够对自己有一个正确的认知。不要把自己的情绪过多地建立在和别人的比较之上。比如微信朋友圈，我们常常会越刷越焦虑，就是因为朋友圈里展示的大多是朋友精挑细选的高光时刻，和自己的当下比较我们容易感到相形见绌。所以，尽量找到自己的兴趣爱好和情感归属点。不要将快乐建立在"领先"别人之上，而是要学会努力充实自己，认真学习、努力锻炼、适度社交都是恰当的方式。

　　二是关于未来前途的各种未知：建议早点学会确定目标，通过大学的不断实践找到兴趣点和擅长点，选择一条更加适合自己的发展道路。比如想读研的话，可以在大学提前进实验室，了解自己是否喜欢和适合。想要找工作的话，可以力所能及地找几份实习工作。切不可到了即将毕业才临时抱佛脚匆忙做决定。

老师，教务处在哪？

和几个班主任在群里交流，讲起工作的体会，大家都表示做老师是一件既开心又费心的事情：经常和学生交流，自己的心态也年轻了很多；看到学生的不断成长进步，觉得教书育人是世界上最有意义的工作；但当面对学生抛来的一些简单的问题时，也常常会感到些许困惑和忧虑。

比如：教务处在哪？户政科在哪？户籍证明怎么开？图书馆借书过期了怎么办？

学生询问的这些问题，有些是班主任很清楚可以立马告知的，有些是班主任自己也搞不清楚需要查阅资料的。很多时候，班主任们都是自己查询好之后再告诉询问的同学。

有位班主任纠结道："一方面为了他们的成长，想让学生自己学着去查阅资料；另一方面又想让他们感受到学院、学校的温暖而不忍推辞。我该怎么做呢？"

娘亲去石家庄参加培训，和各地的辅导员们交流后更加确定了这是全国学生的"通病"。有一位老师在交流时说："学生寝室的空调坏了，其实学生可以直接找宿管阿姨报修或者找空调维修处帮忙解决，但是他们往往会第一时间打电话向辅导员求助。"我在平时工作中也遇到过很多类似的案例。

对于这些询问，是直接告知还是"残忍"地拒绝呢？

说实话，刚做老师那会儿，我会选择直接告知，告诉他们我知道的一切。但是现在，我宁愿选择做一个不那么"温柔"的老师，让他们自己去解决问题，因为我不希望同学们成为"伸手党"。

为什么呢？

在回答为什么回绝学生这些简单的问题之前，我想我们应该思考一下：为什么大多数学生会变成"伸手党"？"伸手党"，换言之就是缺乏独立解决问题的能力。其实问题不全在学生。俗话说："冰冻三尺，非一日之寒。"学生的独立能力较差，很大程度上是长时间社会的单一教育导向和家庭的过分保护造成的。

上大学之前，我们学习的唯一目标就是考大学，老师用分数衡量学生，成绩几乎代表着学生的一切；社会用升学率衡量学校的教学水平，升学率也几乎代表着学校的一切。学习似乎成了学生的一切，我们在培养学习能力以外的能力上究竟花过多少心思？

就是这样的成长经历滋养了我们孩子的依赖性和惰性，让孩子成了"伸手党""依赖党"。如果说上大学之前，我们由老师、家长一路过度呵护长大，那到了大学就更应该注意培养自己的独立能力。

大学是一个独立、自主、自由的平台，如果还是诸事依赖别人的话，虽然只是一些小事，但是开口多了你也会慢慢形成习惯，懒得去独立思考，习惯从别人那里要答案，然而从别人那里获得的"帮助"却很难转化成为自己的东西。

那要如何改掉这种依赖的习惯呢？

如果能意识到自己的这种"依赖"行为，想要改变也不是很困难。最重要的是要有一种"自己先努力尝试去解决问题"的态度。在这里，希望同学们能够培养自己两个方面的能力：

一是独立思考的能力。遇到问题时，先尝试着自己想办法解决，而不是直接提问。学着自己去思考，然后做判断，这样得到的经验才能转化为自己内在的能力。

二是信息检索的能力。试着把问题输入搜索引擎的搜索框里，而不是输入聊天工具的对话框里。以现在网络的发达程度，很多问题的答案都能够从网上获取。作为现代人，拥有从网上获取正确信息的能力至关重要。当然，也不能过度依赖网上的资源，独立自主思考得到答案更加重要。

以"教务处在哪儿"为例。最简单的方法是在学校官网查询教务处的网址，上面详细写明了教务处的地址和相关咨询电话；也可以查看学校印发的《新生手册》，里面有关于学校生活的百事通；还可以拨打学校的主机电话，一般学校都是主机转 0，转人工咨询服务台。

思考，然后行动，这就是告别依赖、养成独立习惯的开始。所以，从今天开始，不要在不经思考前提问，"凡是'度娘'可以告诉你的都不要麻烦别人"。渐渐地你会发现，很多事情并没有那么困难，没有必要麻烦别人；渐渐地你会觉得，解决问题本身也是一种乐趣，而那时，或许你早已拥有可以解决很多问题的能力。

她是怎么被骗走一万块钱的？

一名学生打来电话，说她被诈骗集团骗走了一万多元。事后我们仔细回顾整个过程，其实骗子的很多话都是经不起推敲的，但是人就是有"智商下线"的时候，这名学生现在也觉得当时"特别傻"，追悔莫及。

当事学生将情况说明如下，希望大家引起警惕：

　　昨天我在没有防备的情况下被诈骗集团骗走一万多元，虽然事后报了警，但警方说这样的情况钱很难追回来，我们能做的只有事前防范。

　　2018 年 12 月 31 日 18 点左右，我收到自称淘宝卖家的电话 171275055xx，因为衣服质量问题要进行退款（据说很多人投诉衣服穿了会起红疹，问我有没有这种情况，而我之前确实是起了红疹，就轻信了，但事后在淘宝上已经找不到相关订单记录）。于是加了微信号 TB201895xxx 进行理赔操作，其间一直用微信语音聊天，对方要求不得挂断电话，要进行全程录音（有窃听嫌疑）。

　　对方发来二维码要我实名认证，用支付宝账号登录进入网页，填写了姓名、手机号、身份证号、银行卡号。提交后有手机验证码，因我发送超时验证失败。随后又发送了四条验证码，对方称第四条验证码输入错误（事后才发现这些验证码都是银行快捷支付的动态密码，钱直接被转走了，而我的银行卡恰巧没有开通短信业务，不能收到款项支出的消息提示，最后登录中国银行 App 才发现钱被一笔笔转走了）。

随后，他们要我在支付宝搜索趣店生活号进行额度评估，可能因我未满 18 岁没有通过（事后了解到已有多人投诉在该平台被骗走财物）。之后，他让我借用室友 L 的支付宝账号，但因其在银行预留的电话号码与现在使用的号码不一致收不到验证码。后又借用室友 Z 的支付宝账号，操作中我们觉得不安全，暂停操作。但对方一直催促，并声称只是走个"程序"，很快就能结束业务。室友 Z 最终输入了动态口令，但是超时无用。

我当时觉得太麻烦，要求不退款了，但对方说这些都有实名认证，操作一半中止会影响信用，建议转为微信退款，并要求用 L 的工商银行卡（现在想想是因为我的卡里已经没钱了，只是自己不知道），让我们把卡里的钱都转入微信零钱。

转入微信零钱后，我们觉得不安全又将零钱提现至中国银行卡，提现业务显示要 2018 年 1 月 1 日才能到账。

对方发来二维码，我们扫开后被扣除 925 元，要求对方赔款。对方称已经转账 1000 元到 L 的中国银行卡，要她将验证码发过去。她发了两条（室友以为是收钱），对方又发来二维码。室友 L 扫开后，收到正在进行交易的短信，以为对方退还了 925 元，于是按其要求扫开第三个二维码，显示"余额不足，无法进行下一步操作"。对方说等提现的余额到账后再进行操作，并一再申明到账后不能进行任何交易，可能会影响款项汇入（就是为了不让我们发现没钱的事实）。其间一直跟我们聊天，并发来身份证照片（虽然身份证是真的，但很可能不是他本人）。

晚上 8 点多钟时说他们 9 点下班，希望尽快处理，也不需要卡里的钱到账，只要我们在微信零钱存放 5 000 元并截图发过去即可办理退款。我们凑够 5 000 元并截图发过去后，对方又发来二维码且声称是最后一次，我们扫开后又被扣款。随后我和室友就报警了，两人总共被骗一万多元。

今天下午 2 点，对方又打电话给室友 L，问有没有收到退款和验证码，一直拨打直到 L 将其拉黑（目的肯定是骗取室友上午到账的提现金）。

事后回想，当时真的太傻了，我们经验不足，也比较单纯，缺乏警惕意识。在这里将被骗情况详细说明，希望引起大家注意。

时隔多年，这一案例仍具代表性。小时候我们常听到一句话叫"天上不会掉馅饼"，我们从小就深知要小心"白掉的馅饼"。同学们进入大学后，告别了懵懂无知的年纪，谁也不会觉得自己会傻到被骗钱，更别说骗几千、上万元了。随着互联网的普及和移动支付的便捷化，诈骗手段也悄悄地更新换代，大学生被骗的案例更是数不胜数。下面再分享几起针对大学生的诈骗案例，希望大家引以为戒，高度警惕！

案例1：2023年6月19日，某学院博士二年级学生荣某来所报案，称其在微博上收到冒充机票客服的信息，对方称荣某购买的航班机票需要退改签，后按照对方指示操作转账，被骗人民币9 000元。

案例2：2023年6月20日，某学院大一学生季某某报警称，其在微博上看到他人出售近期演唱会门票信息，后主动联系对方想要购票，对方指引该同学点击虚假闲鱼链接直接扫码转账人民币1 620元，并谎称添加客服QQ可办理退款，后按照对方指示操作转账被骗人民币6 215元，共计损失人民币7 835元。

看完上面这两个案例后，你还会觉得骗子没那么容易骗走你手里的钱吗？我们再来看看典型的刷单诈骗和投资理财诈骗案例。

刷单诈骗：2023年12月，某同学收到一件自称是"京东贺卡"的快递，快递内容显示：扫码下载App可领取现金红包。随后，受害人扫描卡中二维码后进群下载了某App，按要求完成刷单任务并收到了小额现金红包，他便信以为真，继续刷单。随后骗子以系统故障、数据错误、操作失误等借口称返现暂需等待，欺骗其继续投入金钱，直至受害人意识到被骗。

投资理财类诈骗：2023年12月，某同学上网时轻信他人所谓投资理财指导的广告，通过对方提供的链接下载虚假投资软件。根据"指导老师"指示，使用本人网上银行向指定账户转账一笔，后发现无法正常提现，惊觉被骗。

诈骗形式千变万化、防不胜防，如兼职诈骗、贷款诈骗、奖学金诈骗、租房诈骗、网恋诈骗等。作为大学生，应该始终保有警惕心态，转账前核实对方身份，不要轻信陌生人，遇到可疑情况及时向学校或公安机关报告。同时，可以关注我国公安部门的官方微博、微信等平台，了解最新的诈骗案例和防范措施。最后，给大家分享国家反诈中心给我们提醒的8个"凡是"：

凡是要求垫付资金做任务的兼职刷单，都是诈骗！

凡是宣称"内幕消息、专家指导、稳赚不赔、高额回报"的投资理财，都是诈骗！

凡是宣称"无抵押、无资质要求、低利率、放款快"的网贷广告，要求提供验证码或先交会员费、保证金、解冻费或者转账刷流水的，都是诈骗！

凡是自称电商、物流平台客服，主动以退款、理赔、退换为由要求你提供银行卡和手机验证码的，都是诈骗！

凡是自称公检法工作人员，以涉嫌相关违法犯罪为由，要求你将资金打入"安全账户"的，都是诈骗！

凡是自称"领导"，主动申请添加QQ、微信等社交账号，先嘘寒问暖关心工作，后以帮助亲属朋友为由让你转账汇款的，都是诈骗！

凡是以各种名义发送不明链接，让你输入银行卡号、手机验证码和各种密码的，都是诈骗！

凡是通过社交平台添加微信、QQ，拉你入群，让你点击链接下载App进行投资、退费的，都是诈骗！

我终于明白教育的本质不是追求卓越，而是……

昨天，娘亲收到了一名已退学同学家长的微信，内心满是感动，也感慨颇多。我知道退学的决定并不容易，但是跟这位家长一样，我尊重这名同学的决定。

因为这条微信，脑海中突然浮现出这么多年来，先后从我手上离开上海交大的同学们。

还记得小李，父母眼中的乖乖儿，到了大学因为学习的压力，加之家庭的原因，开始迷恋各种小说和网游，最终没能挺过"大学季"。

小赵，因为调剂到了自己不喜欢的专业，决定退学前，我建议他再试试，努力努力，尝试研究生时再转专业，但是小赵很坚定地选择了重新高考。

小陈，大四办的退学，直至退学前，她的妈妈才敢跟她爸爸说了实话。小陈妈妈说爸爸工作忙，脾气也很暴躁，一直不敢跟他说……

"交大的学生怎么还会退学呢？"

"为什么不再努力一下呢？"

"交大是多好的学校啊，退学多可惜啊！"

······

我还清晰地记得第一次与退学学生告别。那天，退学的小李离开时，转过身来给了我一个拥抱。小李离开之后，我一个人躲进办公室大哭不已。那段时间，我都特别难受，觉得自己是一名"失败"的老师。

退学的学生是大学的"挫败者"——这是大多数人，也是我最初的看法。作为一名高校教师，我的任务就是让每个同学成为卓越的人才，我不允许任何一个学生掉队。我们都认为，交大的学生哪能不优秀？交大的学生怎么可以不成功？他们都是百里挑一的啊！

然而，工作越久，越发现自己曾经的想法是多么的幼稚。关于前面说到的退学学生，一般大众也会有这样的刻板印象，就是只要"退学"了，就是"差生"，因为他们没有坚持，没有努力。换言之，就是在遇到困难的时候没有选择坚守，而是选择了"放弃"。

但事实并非如此。多年的一线工作经历，让我得以走近和了解这些学生，也让我明白：退学的学生其实大多数不是所谓的"差生"，只是在当时的环境下，他们曾经选择的那条路不再适合他们，他们出于各自的原因选择了离开，难以一言以蔽之。

退学后，小李工作了，后来还自己创业了，也有了属于自己的家庭，谈及过往的经历，他打趣说我这个老师在大学时太"烦"了。

小赵回去后，重新选择了高考，虽然现在的大学没有交大"好"，但是他学习起来得心应手，他到现在都感谢交大的包容。

还有小陈，离开时她跟我说："娘亲，我这几年学得太痛苦了，我应该早点退学的，因为退学那一刻我如释重负。"现在的小陈在另外一所大学读着书，交了一个男友，我经常看她在朋友圈发的旅游照片，照片上的她笑得多么灿烂。

曾几何时，我觉得教育的本质就是追求卓越。同学们到了大学，尤其是交大这么好的大学，一定要追求"成功"，别说退学，成绩"差"都是不能容忍的。从前我总觉得有学生从我手上离开就是我的失败。慢慢地我明白了，教育的本质就是让每个学生"找到自我"，让每个个体找到最适合自己的生活状态。

就像对待自己的孩子一样，我也希望每一个学生都能够成功和成才，但是所谓的"成功和成才"标准，并不适用于每一个个体。做惊天动地的事可能是一种成功，但是在平凡的岗位上兢兢业业也是一种幸福。

作为教育工作者，我们应该以包容的姿态去接受每一位同学。我希望我们所有人，在任何时候，都不是为了安逸享乐而放弃，也不是为了自我感动而努力，我们所做的一切，都是为了找到"自我"，并努力去实现你期望成为的"自我"。

大学路上，请学会和自己相处

在和学生交流的时候，讲到人际关系，娘亲经常会提的一个问题是"漫长的人生旅途，你觉得陪伴自己最久的人是谁？"

学生们的答案各式各样，最多的不外乎父母、子女或伴侣。

但是，其实无论是父母还是子女，都不能陪伴我们终身。父母先于子女出生，一般而言也是"走"在子女前面。伴侣也是人生中途遇上，当然从出生就认识的除外，但是这种概率是非常非常小的。所以，漫长的人生旅途陪伴自己最久的人是谁？

娘亲觉得答案有两个。

第一个答案类似于脑筋急转弯，是医生。因为当代社会，我们基本都是在医生的见证下出生的。现代医学发展到现阶段，大多数人也都是在医院病床上离世的。

那第二类人呢？就是"自己"。其实这有些哲学的意味，"认识你自己"本身就是镌刻在希腊圣城德尔斐神殿上的箴言，经常被后来的哲学家们引用，以规劝世人。

马克思也指出，价值"是人们所利用并表现了对人的需要关系的物的属性"，"实际上是表示物为人而存在"。

如果说上述语句有些拗口的话，我们不妨这么理解：就是从"自己（自我）"当中剥离一个"自己（ta 我）"。这个"ta 我"不是心理学上的具有动物本性的"本我"，也不是具有超人意识的"超我"，更不是精神上的"人格分裂"，而是一个有意识剥离的自己，一个陪伴者。换句话说，"自己（ta 我）"陪伴"自己（自我）"。

我为什么费这么大力气讲述"ta 我"的概念？那是因为多年和同学们接触，我发现很多同学大学时期过得很压抑，很孤独，不知道怎么和自己相处。

这种情况，在大学新生中表现尤为明显。

因为我们都知道，在高中时期，大家都在同一间教室上课，相同的课程，相同的老师，一般情况下几位老师会陪伴我们整整三年，师生和同学间可以说是"知根知底"。

但是到了大学，就变得完全不同了。没有固定的教室和老师，低年级时大家可能还在一起上课，高年级时因为选课不同等，大家可能就很少碰到了。加之大学以来，同学们的兴趣和选择会分化，社团协会、科研学习、娱乐锻炼等，大家自然而然会分流。

面对这个从群居到独处的改变，很多新生会感到手足无措。

之前遇到过一个案例，一个男同学过来找我，说大学很孤独，什么都是一个人：上课一个人、吃饭一个人、自习一个人。我跟他说："一个人也可以过得很舒服呀。老师晚上就是一个人跑步，感觉很自由。"这位男同学眨巴着大眼睛说："老师，以后我们一起跑步吧。"

这个例子虽然有点夸张，但是也从侧面印证，很多同学是不知道怎么跟自己相处的。

美国哲学家梭罗，是我很欣赏的一位哲学家。有两年时间里，他一个人来到了美国的瓦尔登湖畔，在那边看书、学习、思考，过着亲近自然的生活，并以此为题材撰写了长篇散文《瓦尔登湖》。

有时候我在想，梭罗那个年代是没有电子产品的年代，如果是现代社会，他还能抵抗住光影生活的诱惑吗？

我想是可以的，正如他的名言："我在我的房子里备有三把椅子，一把独处时坐，两把朋友来时坐，三把交往时坐。"梭罗并不抗拒与人交流，而是可以在与自己相处和与别人相处中自由切换。换句话说，他知道如何善待自己，与自己相处。

那么，作为大学生们，该如何学会"ta 我"和"自我"的相处呢？简言之，如何学会自己与自己相处呢？

接下来这句话，可能大多数人都听说过，那就是"身体和心灵，必须有一个在路上"。我觉得很有道理。在大学里面，我们可以做到以下这两个方面：

一方面是学习。这个学习是一个宽泛的目标，既可以是专业内的学习，也可以是专业外的拓展；既可以是基础的书本学习，也可以是书本外的科研实践。

大学可以学习的内容真的太多了：那些高中时期没时间看的书，何不大学时一本本地读起来？那些感到困惑的科研问题，何不一个个研究起来？

另一方面是锻炼。清华大学有一个口号是"无体育，不清华"。交大人是"爱交大，爱运动"。尽情地运动起来，燃烧卡路里吧！

总而言之，大学的生活正徐徐展开，不要在原地停留，学着与自己相处、和解。为身体注能，为心灵充电，或许你也能发现孤独之外别有洞天。

第 2 部分

学习规划篇

大学最大的误区

大学最大的误区

以前家教时带过的一个学生和娘亲联系，说她现在读高三，每天要学要背的内容很多，觉得很辛苦，压力很大，不知道怎么办。我安慰她道："好好努力，距离高考只剩半年了，到大学后就可以放松了。"

事后回想，自己不知不觉中就撒了一个谎。"上大学后就可以放松了。"相信每位经历过高考的同学对这句话都不陌生，这是不少高中班主任善意的谎言。的确，相比高中时代紧张压抑的气氛，大学环境相对比较轻松自由。

可是，上大学后，就真的可以放松了吗？

其实这是关于大学最大的误区！高考并不能一劳永逸，大学也不是"游戏"的天堂。

第一，上了大学不一定能够毕业。

"都考进大学了，怎么还会因学业问题而被退学？"事实上，全国各所高校每年都有一小部分学生被开除学籍，还有部分学生因为学业的问题被退学。教育部《关于深化本科教育教学改革 全面提高人才培养质量的意见》印发后，不能很好地适应高校学习方式和氛围的学生将在毕业问题上面临更大的风险。你们肯定会感到很纳闷："考上大学不容易，为什么不好好珍惜呢？""60 分很简单，为什么会不及格呢？"其中缘由各种各样，当中大部分学生是因为放任了自己的"自由"，贪玩、沉迷网游等，结果一失足成了千古恨。

第二，即使毕业，不一定能拿到学位证书。

一般情况下，大学顺利毕业能够同时拿到"毕业证书"和"学位证书"。"毕业证书"作为学生毕业的凭证，证明学生学满学制规定的年限，完成教学计划规定的全部课程，且各科成绩均合格。"学位证书"又称"学位证"，是为了证明学生专业知识和技术水平而授予的证书。

两个证书常常是继续求学或就业的凭证。每个学校对于学位证获得的要求不尽相同，通常有学习绩点、毕业论文、学业诚信等要求。上海交通大学的学位证就直接和学业诚信挂钩。所以，大学的目标不能仅仅是"不挂科"那么简单。

第三，即使拿到双证毕业，也不一定能找到工作。

进一步讲，即使是就业了，真正找到自己理想工作的同学又有多少？娘亲因为写周记和全国各地的学生都有交流，有些学生常常到大四临近毕业时才开始焦虑："老师，我毕业了该去干吗？我应该找什么样的工作啊？"老师可以建议，可以引导，但是自己的人生最终还是得自己负责和掌控。我们见到过非"双一流"高校的学生找到让人羡慕的好工作，也见到过名校学生在家待业的。其实文凭就如一张火车票，火车到站后大家都下车找工作，才发现用人单位并不太关心你是怎么来的，只关心你会干什么。所以，不要到临近毕业了才开始思考自己毕业后的出路。

需要说明的是，上面三种情况并不是主流。作为老师，我不希望任何一名学生离开队伍或者掉队，不希望任何学生成为这"一小部分"中的一员。请记住，大学并不是温床，任何时候都不能松懈。

每天都有一个理由不学习

时光飞逝，转眼间又要到期末了，同学们也愈发忙碌了起来。近来，娘亲在深切感受到同学们的紧张和忙碌的同时，也在和几个同学的交流中发现了另外一个值得关注的现象：

其实同学们并不是到了期末考试前才想起学习的，相反，大多数的同学一直都有着很强的求知欲和上进心。但是有的同学反映，虽然自己很想学习，但有时会因为各种各样的事情，导致无法专心学习，这给自己造成了很大的困扰。

在这里，想和大家一起分享和讨论一下这个现象，也试着和同学们一起解决这个问题：每天都有一个理由不学习。

首先，我们先看一下同学们不学习的理由都有哪些。从主观上来讲，主要有不理解、学不会和心情差这三种情况；从客观上来看，则主要有身体不适、精力有限和环境干扰这三种可能。

下面我们逐个情况进行分析讨论，看看如何克服这些困难。

主观上的"不理解"：为什么要学相应的课程，这些知识有什么用，因为"不理解"，进而造成学习时很讨厌所学的知识，既感受不到学有

所用的价值，也体会不到学有所得的乐趣，这往往是有的同学在学习中产生消极情绪的主要原因。对于这种情况，建议同学们多和专业课程老师沟通，更深入地了解专业方面的知识，让自己能够真正理解所学的知识用在何处、如何使用，这样往往就能理解为什么要学习这方面的课程，所谓的"不理解"也会转为"原来如此"的恍然大悟了。

而对于"学不会"的情况，则可以通过积极地和专业课程老师、学长学姐、身边学霸沟通交流，逐步改进，每天学会一点，慢慢就会发现学会的越来越多，自然也不会因此而厌学了。

对于"心情不好"而无法专心学习的同学，可以选择先进行心态调整和心情调节。毕竟心情不好的原因有很多，难免会有各种因素的影响，只要没有特别影响学习，可以先休息一下，之后迅速调整过来就好了。

除了主观的因素，同学们往往也会受到一些客观因素的影响。对于"身体不适"的情况，建议很简单，任何时候身体都是第一位的，在养好身体的同时适当学习。同时也希望同学们多参加体育锻炼，只有保持身体健康，才能精力充沛地面对每一天的学习和生活。有的同学还反映说，因为平时课外活动比较多，造成时间、精力不足，往往没有足够的精力分配给学习。学生参加各项活动固然是值得鼓励的，但是不要本末倒置，影响学习。

另外一种干扰学习的客观因素就是周围环境的影响，例如，室友拉着打游戏、周围的人很吵以至于无法专心学习等。如果条件允许的话，去找一个更适合自己的学习环境吧，咖啡馆、图书馆、自习室都是不错的选择。若要继续待在原来的环境，不妨好好锻炼一下自制力，努力将注意力集中到自己要做的事情上，尽可能忽视外界的干扰，专注于自我。也要努力做到不被各种游戏、活动所诱惑。

为什么努力和成绩不成正比？

收到小佳的微信：

> **小佳**：我的室友真的是超级学霸啊！
>
> **娘亲**：然后呢？
>
> **小佳**：我比她用功多啦，可是成绩却一直没她好啊！真的很郁闷呀！
>
> **娘亲**：说不准人家在偷偷复习呢！
>
> **小佳**：没有呢，她就是在寝室复习啊！感觉她效率好高啊！

小佳，微信那头的你想必一脸困惑。是的，为什么我比室友努力，成绩却比她差呢？为什么努力和成绩不成正比？

因为她比我聪明？

因为她有独特的学习方法？

因为她私下和任课老师发了邮件？

……

你和我说你脑海里的各种假设，但在假设之前我想和你探讨三个问题。

第一个问题是关于你自己的——你真的努力了吗？

因为老师见过一些学生，口里嚷嚷着努力，但是考试成绩还是在及格线徘徊，甚至有的还会挂科。他们笨吗？似乎并不是，因为当中甚至有因为竞赛成绩优异被保送到大学的。后来我和他们交流后才知道，有些同学所谓的努力就是考试那几天的"头悬梁，锥刺股"，但是学习是一个持续的过程，并不是一朝一夕可以速成的。

或许，我们要重新来审视一下"努力"了。

有一篇文章《你只是看起来很努力》很有借鉴意义："看起来你每天熬夜，却只是拿着手机点了无数个赞；看起来你起那么早去上课，却只是在课堂上补觉；看起来你在图书馆坐了一天，却真的只是坐了一天。"所以，小佳，不妨问问自己，在一个学期里，真正用心去学习的时间有多少呢？

如果真的很多的话，那接下来我们要探讨第二个问题了，是关于你室友的——为什么她能拿高分呢？

当然，最直接的方法就是向室友请教，问问她有什么特别的方法。如果觉得不好意思，可以适时观察，室友上课时是怎么听讲的？课前有预习吗？平时的作息时间是怎样安排的？又是怎么复习的？当然，并不是要照抄她的作息时间和学习方法，而是要在比较的基础上探寻自己的方法。

在这里娘亲有两个小建议：

一是及时复习。德国心理学家艾宾浩斯研究发现，遗忘会在学习之后立即开始，最初速度很快，以后逐渐缓慢。我们要正视这个规律，尽可能地在当天或者次日对老师所教授的课程进行复习。

二是把握学习的黄金时间。心理学中有前摄抑制和倒摄抑制的概念，前者是指先学习的材料对识记和回忆后学习的材料的干扰作用，后者正好相反。由此可见，"睡觉前"和"醒来后"的时间是两个绝佳的记忆黄金时段，尤其是晚上，一方面不受后摄抑制的影响，另外有研究证明，睡眠过程中记忆并未停止，所以晚上这段时间请充分利用。

第三个问题是关于评价标准的——如何科学地评价学习成绩呢？

小佳，你这么沮丧，一方面是因为自己的获得与付出不成正比，另一方面或许是因为你把成绩放在了过高的位置。不可否认，学习是学生的首要任务，但是大学的评价体系是多元化的，除了学习能力之外，还有创新能力、实践能力、人际交往能力等，所以，只要真正付出了，不要过于纠结成绩。

也许 ta 就是比你"聪明"

前文中，小佳觉得自己比室友用功，但是仍然考不过室友，我和她交流了几点原因，包括努力的程度、学习的方式方法等。文章发布后，很多同学给我留言说："娘亲，还有一个重要原因，可能室友就是比她聪明。"

是的，娘亲承认自己疏忽了。

之前，娘亲和一个学物理的男孩交流过类似的话题。男孩学习一直很认真，空闲的时间都在看书。班里有一个同学，刚好是他的室友，学习时间几乎只有他的一半，但是成绩却比他好很多。"就是因为我比他笨吧！"最后他无比沮丧地得出了这个结论。

人和人的智商有没有差距？娘亲并不想自欺欺人，肯定有。高一那年，娘亲就是在饱受物理、化学"摧残"后，义无反顾地选择了文科。数理化比不过别人，还是可以在英史地学科有所作为的。结果发现，总是会有人在智商上碾压你。那时候班里有个大神，叫 L。时至今日，同学聚会时，大家还是会"膜拜"他。回想当年，当我们焦头烂额地埋头苦读时，他会悠然自得地捧起黑格尔、费尔巴哈的哲学著作。他花在课业学习上的时间不及我们的三分之一，但却轻松地考上了名牌大学，大学毕业后又顺利地出国留学。当然，有段时间，我也怀疑他是不是在背后偷偷学习，但是经过多年的观察，我不得不承认他就是比我们聪明。

不过现实也不至于那么残忍，确实有同学比我们聪明，但是所幸的是并不多。高中文科班上我碰到的像 L 那样的学生只有一个。做老师以来，也遇见过特别聪明的学生。娘亲以前带的一个医学生班级中有位男生是公认的"学神"，看过的书本几乎可以过目不忘，确实挺惊人的。不过，类似的"学神"我在老师生涯中还没有见过第二个。

社会学中有种说法，任何的社会组织都是一个"纺锤体"——两头小，中间大，大多数的人都是差不多的。说不准小佳的室友恰好就是属于两头的少数，学习能力比小佳强一点。

　　注意，娘亲这里说的是"学习能力"，而不是智商。其实前文中的一些说法也不是很严密，因为聪明、智力、智商等有很广阔的范畴。心理学家现在将人脑的智力分为七大类型，分别是语言智力、逻辑学或数学智力、音乐智力、空间或视觉智力、运动或身体智力、人际智力、内省智力。所以，小佳室友的语言智力、数学智力或许比她强，但是身体智力、人际智力、内省智力就不一定了。

　　"尺有所短，寸有所长。"我们还是要学会正确地看待学习成绩，只要自己付出了，在努力过程中问心无愧了，真的比不上就随它去吧，何必苛责自己呢？毕竟大学是个多元的舞台，不是只有学习方面的竞争。

从倒数第一到专业第一

当谈到物理时，大家的第一反应是什么？

"物理好难。"

"头顶发冷。"

"求学生涯禁忌词。"

说到物理学家，大家的第一反应又是什么？

"清一色的男性。"

但是，上海交大物理系有一个姑娘小章却"迎难而上"，她虽然个子不大，但能量可不小。

小章来自革命老区江西萍乡。因为是通过专项计划被录取的，所以高考分数比同类录取的同学略低一些。大一开学后的分流考试，一共122名同学，小章考了最后一名，成了她自己心中的"学渣"。

小章知道自己基础差，但并不气馁，考试之后，她抓住一切时间和机会学习。勤能补拙，三年的不懈努力，让她完成了从倒数第一到专业第一的逆袭。前段时间，小章成功直博（即"直接攻博"）了，成为一名物理学博士研究生。在学习的同时，她积极通过科学实践来锻炼自己的科研能力，博二时就已经在院士牵头的实验中心开展科研实践，并以项目负责人的身份参与了学生科创项目，其间完成了一项倍频新技术的开发，还申请了专利。暑假期间，小章获得学校资助到美国伊利诺伊大学厄巴纳-香槟分校访学交流，体验到了不一样的科研氛围，受益匪浅。

和大多数"00 后"不同，小章不是独生子女，她有几个兄弟姐妹，家里经济条件并不宽裕，所以她不希望上大学了还给家里带来经济负担。

大学期间，她做过课程助教、辅导班老师、体验式培训助理，这些勤工助学活动在她看来都是学习、生活的调节剂。国家和学校的资助，每年获评的奖学金，加上勤工助学期间的劳动所得，完全可以支撑她的

日常开销。在本科期间，她没向父母要过一分钱，甚至还能在父母和弟弟妹妹生日时给他们准备一些小惊喜。

作为班长和学生会联络部部长，她组织牵头的迎新晚会等大型活动共计 10 余场。

一路走来，小章感受到了来自社会、学校等多方给予的温暖，从中汲取了前进的动力，她也希望通过公益服务来将这份温暖传递给更多的人。上大学以来，她做志愿者 30 余次，累计时长超过 100 小时。爱心家教、爱心午餐等志愿服务也让她切身体会到了奉献的意义。

俗话说，身体是革命的本钱。在交大，小章学会了游泳、羽毛球、网球，并坚持每天锻炼一小时。她还是校龙舟队的正式队员，曾两次代表学校参赛并获奖。在名校龙舟赛中，她所在的交大龙舟队凭实力赶超了清华大学、北京大学和复旦大学，勇夺二等奖。

用了这么多的笔墨来介绍小章的故事，娘亲就是想告诉大家：当初的小章，条件比大多数人差，但是通过几年的努力，她走出了属于自己的一条道路。

大学的舞台很大，这个舞台由你做主；那些青春绽放、奋力拼搏的故事也由你来书写。而你，又想演绎怎样的大学故事呢？

和考试焦虑说"拜拜"

一到考试季，娘亲总会收到很多因考试焦虑的同学的求助。有的同学一到考试季就失眠，有的同学症状是头痛，还有频繁上厕所的。同学们考试焦虑的原因都有哪些呢？在与同学们的交流中，我发现主要有下面四种情况：

一是平时学习不够刻苦，考前发现自己不会的太多，自然会感到焦虑；

二是怕考到自己不会的内容，怕遇到新题型，提前想象糟糕的情况给自己造成焦虑；

三是复习中发现身边的同学都非常努力，似乎别人什么都会，只有自己不行，差距越来越大，因此而备感焦虑；

四是往往比较用功的同学也会对考试过于看重，一定要达到自己的预定目标，比如 GPA（平均成绩点数）要多少等。给自己的压力过大，难免会焦虑。

针对以上四种情况，我们可以逐个分析和解决。

第一，对于平时不够刻苦的同学，希望以后可以吸取教训——多在平时下苦功，不要临时抱佛脚。临近考试可以先向老师、学霸们多请教，抓住重点再进行复习，努力通过考试。

第二，对于由于考试考点或形式不明确而失去信心的同学，则可以通过在复习中找准知识点，建立完整的知识体系，做到融会贯通，这样自然就不会担心了。

第三，当我们在一点点学会知识的时候，可以看到自己的不断进步，也就不会妄自菲薄，觉得只有自己不行了。

第四，对于因为担心成绩不够好而焦虑的同学，娘亲想说，学习中最重要的是学会知识和方法，成绩只是对我们努力的一种肯定，相信你们调整心态、付出努力后，都可以取得理想的成绩。

此外，同学们还可以通过运动和情感宣泄来减压。当然，也鼓励大家找班主任、辅导员交流减压。

考试紧张是一个非常正常的心理现象。心理学上认为，适度的紧张可提高考生的学习效率。但是，如果你有重度的焦虑，如入睡困难、做噩梦、易惊醒、面色苍白或潮红、易出汗、四肢发麻、肌肉跳动等症状，一定要引起重视，视情况到学校心理咨询中心进行咨询。

期末挂科了怎么办？

"期末考差了好难受！"

"我都不想去考了，反正也是不及格。"

"娘亲，期末挂科了怎么办？"

……

学生期末考试不及格，他们的第一反应就是很委屈："娘亲，我好好复习的，这门课怎么会挂呢？"但是，从专业课老师那里得到的信息却是"如果学生好好复习，不至于会不及格"。有一位老师表示，其实只要踏踏实实把课件全部仔细看完，好好复习，怎么也不至于不及格。但是，一些同学往往因为期末考试期间科目太多，复习时间没有安排好，导致考试失利。

昨晚还接到一位大一学生家长的电话，问孩子期末考试不及格该怎么办，挂科有什么影响。

从近的层面看，不及格侧面证明孩子学习的状态不好。至于挂科了怎么办，如果后面还有考试，那么就一定要静下心来复习后面的功课。如果所有考试都结束了，那就仔细分析考试失败的原因，搞清楚是平时没有努力学习导致的，还是复习时间安排不合理造成的；是平时上课没有认真听课，还是复习期间掉以轻心；或者是考试心态不好发挥失常造成的。找出考试失败的原因，然后对症下药，好好复习准备补考。如果补考不通过，那就只能重修了。

关于挂科，不同学校有不同的政策。学校的保研政策和挂科也是相关的。另外，成绩差、有挂科，出国深造也会变得异常艰难。或许你说可以"考研"，这是一个合理的建议，但是目前很多高校的考研名额越来越少，硕士研究生基本是直升，招考的名额已呈现逐年下降的趋势。目前，很多学校的博士研究生实行申请考核制，不仅要看大学排名，而且要看成绩单。

当然，你可以说自己不想读研，只想拿一个本科学位就去工作。但是，获得本科学位的前提是：在最长学期年限内修完专业培养计划规定的所有课程，并且通过所有的考试科目。

当然，"失之东隅，收之桑榆"，我也见过曾经挂了一门，后来迎头赶上的同学。所以，任何时候都不要放弃。即使已经挂科，如果能够换来警醒与正视，何尝不是"亡羊补牢，犹未为晚"？

睡懒觉的沉痛代价

上午 8 时许，接到巡考老师电话，说学生 L 考试缺席。当时我心里"咯噔"一下："不会还在睡觉吧！"给这名学生打电话也不接，紧急联系到其室友，果然是由于昨晚复习太晚，早上没有听见闹钟响，睡过头了。当该学生赶到考场时已经迟到了 40 分钟，这门考试只能缺考（学校规定考试迟到 15 分钟就不能进入考场了），但 L 是大四的学生，而且这门功课已经是重修了，这就意味着这门考试的缺席导致 L 起码要晚上一年才能拿到毕业证。

看着懊恼不已的 L，我能做的只能是安慰了。或许有人会觉得监考老师不近人情，但是制度就是这样，如果因为 L 是大四的学生就让他参加考试的话，是否对其他的考生会不公平呢？当你违反了规则，相应的后果只能由你来承担。那天我和 L 谈了两个小时，除了安慰之外，我建议他在延期的一年里，一方面做好重修的准备，另一方面做好就业的前期工作。

L 迟到，是因为前一天复习到凌晨 3 点。几年前，有一名学生 M 复习到凌晨，第二天早上起得很早，但是因为睡眠不足，竟然在路上恍恍惚惚地摔倒了，考试当天被送到医院就诊耽误了考试，只能办理缓考手续。

考试周，我在朋友圈发了一个问题：怎样才能告别考试焦虑？大家讲述了很多办法，包括深呼吸、跑步、静坐等，但是这些答案都是治标不治本，最重要的方法还是"学在平时"。

L 睡过头和 M 手受伤的直接原因都是前一天晚上熬夜复习。其实，大学的突击学习，L 和 M 并不是特例，好多同学都习惯期末临时抱佛脚，具体原因主要包括两个方面。

一方面是大学学习动力的缺乏。曾几何时，升学考试成为学习的唯一目的。这种教育模式不利于培养自律性和学习兴趣，一旦身处大学这样的宽松环境，由于学习的最初动力不足，很难"保持初心"地读下去。平时全在"浪"，期末只能抱抱佛脚求心安。

其实，关于大学学习动力缺乏这个问题娘亲在文章中谈论过很多次。很多同学不知道自己喜欢什么，也不知道自己的目标是什么。还是那句老话——"在学习上给自己设立小目标"。比如，这个学期的学习应该进步到专业前50％；罗列出这个月具体要学习的内容，然后空余的时间多尝试，多实践，听相关讲座，求助师长，在摸索中慢慢得到成长。

另一方面是由大学考试的性质决定的。所有的科目考试都安排在期末阶段。很多时候，考试需要的知识与平时作业和项目的区别很大，有很多细节的东西，这些细节更多地考验短时间内的记忆能力，突击复习很有效。

期末的突击虽然效果明显，但那是短时记忆——记得快，忘得也快。虽然应付考试有用，但是却不利于长期的学习积累。作为学生，任何时候都应该把学习放在首位！所有的学习任务攒到期末突击复习，一是很容易忘记，二是对知识的理解也不深入，更重要的是不利于专业知识的持续性、系统性学习。

所以，还是希望大家把功夫用在平时，注重点点滴滴的积累。当然，道理大家都懂，最重要的还是要努力去付诸实际行动。

退学前，他给了我一个拥抱

新学期开始的几天往往让人无比揪心，因为需要开展"退警"、退学的工作。近期已经面谈了好几名同学。每次面对学生懊恼不已、追悔莫及的样子，每次面对父母伤心难过、充满绝望的神情，总让娘亲感到无能为力的悲哀与无尽的自责。

　　"老师，孩子以前很优秀，从小都是第一名。"

　　"老师，学校能不能再给他一次机会？"

　　"老师，孩子就是我们家的希望啊！"

很多人都会问："考上上海交大还会因为学业问题退学？"是的。不只上海交大，全国每年每所学校都会有少部分学生因为成绩不达标受到学校的退学警告甚至退学处理。或许你还会纳闷"考上大学不容易，为什么不好好珍惜呢？"我们来看看小郑的故事吧。

　　小郑来自西北地区，原先已考上了国内的顶级名校，但一入学就开始疯狂地玩游戏。刚开始还去上课，后来干脆整天翘课，大二时就被学校退学了。经过一年复读，他来到了上海交大。到现在，我还清楚地记得第一次和小郑交流时他信誓旦旦的样子。我想已经有过一次退学的惨痛经历，小郑应该懂得珍惜了吧。可万万没想到的是，他又因为沉迷网游被退学警告了。他的妈妈一见到我就哭了，说孩子从北京退学后她就死心了，但是因为只有这一个孩子，她不想放弃，想来陪读。

我和小郑也交流过很多次，班主任、室友、小郑好友，甚至女朋友，我们一起想了很多办法，但是他的情况时好时坏，熬到大三时，小郑还是退学了。纵使如此聪明，可以复读重上好大学，可依然败给了自己。聪明人也会因为不能自我约束、自我管理而在同一个地方再次摔倒。

知乎上有一篇关于退学的帖子《被清华大学劝退是怎样的体验》，关注度很高，一些有相关经历的同学分享了自己的经历。有因为贪玩而沉迷网游的，有跟不上学习节奏自我放弃的，有不喜欢本专业而放弃的……当然，并不是被学校劝退的同学就是失败者、被劝退后的人生就永远黑暗。帖子中有一个因为沉迷网游而退学的同学后来做自己喜欢的游戏开发，还拿到了创新工场的投资，人生也慢慢走上了正轨。但是，并不是每个人都可以因为游戏而受益，因为退学而走上人生巅峰，这样的人才只是个例吧。

一位刚参加工作的辅导员林老师跟我讲了一个案例：学生小刘收到了退学警告，和家长、同学一起交流。小刘原本就对自己的学习没有什么信心，可他的爸爸依旧当着他的面不停地数落他没用、没出息。小刘低着头，一言不发。辅导员事后和家长交流，希望爸爸能够给孩子多些鼓励。爸爸表面上接受了，但是一转头却又大声骂起了孩子……

　　林老师说自己很想帮助学生、改变学生，但是总不能如愿。我告诉他，我刚工作时也是一样，那时候的我觉得自己可以感化学生，改变学生的命运，但是事实上并不能完全做到。社会、学校、家庭、学生……每个孩子从小到大受到的教育、接受的耳濡目染的影响千差万别又错综复杂，我们想要孩子保持纯正之心，积极奋进，可是最终的决定权还是在学生本人手中，需要自己的彻底反省和努力。

　　小郑退学离开的时候，我送他到校门口，他转身离开后突然又转回

来给了我一个拥抱，这让我有点蒙。小郑哭了，我知道他很后悔，不愿意离开，但是他不得不面对自己所做的事情带来的一切后果，无论他自己愿不愿意，无论他是否承担得起。当他可以把握自己命运、掌握自己人生的时候，他把这样的权利放纵地给了别人……我不知道他会不会再一次参加高考，也不知道该说出怎样的祝福，只是拍了拍他的肩膀，轻轻地说了一句"一路顺风"。

大学生如何向退学警告说"不"

经常有读者私信娘亲，问有没有综合分析过收到退学警告的学生的总体情况，究竟是什么原因使得这些原本优秀的学生最终收到了退学警告？为了解答大家的困惑，我们做了一次调查。

我们访谈了 30 名收到退学警告的同学，其中男生 24 人，女生 6 人。在这 30 名同学中，有 19 人在大一时就收到了退学警告，3 人在大二时收到退学警告，7 人在大三时收到退学警告，1 人在大四时收到退学警告。我们注意到：大一就收到退学警告的人数超过总预警人数的一半，而大三是收到退学警告的另一个高峰段。

关于收到退学警告的原因，有 14 名同学认为是自己平时没有好好听课，课后没有用心学习，经常不交作业，反而把大量时间花在了玩游戏、看视频等活动上，造成了被"退警"的局面；有 10 名同学提到是因为一开始的基础课程学得不够扎实从而导致后续专业课程跟不上；有 4 名同学认为是自身意志消沉导致学业成绩不尽如人意。除此之外，有 2 名同学是因为有抑郁倾向、交流障碍等心理问题导致学业成绩不合格而收到退学警告。

原因因人而异，但总的来说可以归结为以下五点：

一是对自己的专业不感兴趣，没有学习的积极性；二是上课不认真，课后不复习，学习态度不端正；三是把大量时间花在了娱乐上，不知道如何合理地安排作息时间；四是基础课程学得不扎实，导致后续专业课跟不上；五是意志消沉或者心理有问题，无法在学业上集中精力。

在对被"退警"原因有了一定的了解之后，娘亲想给大家提几点建议，希望同学们能够以此为鉴。

第一，对自己的课业负责就是对自己负责。可能当初在选择专业的时候，有些同学因为对各个专业不了解或者因为其他种种原因，选择了一个自己不喜欢的专业，但是这并不能成为挂科的理由。大学里的课程

可能有一定的难度，但是只要做到认真对待作业、对待考试，一般来说及格是可以做到的。哪怕不幸挂了一门，也不至于就被"退警"。往往都是因为缺乏积极性又采取放任自流的态度，最后导致挂科数门被"退警"。因此，建议大家，哪怕不太喜欢自己现在的专业，也要认真学习，最起码保证大学顺利毕业。其实只要认真学了，说不准就会发现自己喜欢上这个专业了呢，这样的案例也有不少。

第二，基础课程一定要学得扎实，这对以后的专业学习影响较大。在调查中我们发现有超过一半的人是在大一时就收到了"退学警告"。刚刚进入大学的学生对大学的学习生活还不能完全适应，再加上感受不到高中时期那样的学习压力，于是就稀里糊涂地挂了科。而大一修的又主要是基础课程，对以后的学习相当重要，因此在大一、大二的时候尤其需要谨慎。挂科没有我们想象中那么难，当然也不是轻易就会挂科，在成绩略有下滑的时候就要保持危机感，这样可以有效地避免挂科。

第三，时间安排一定要合理，避免在娱乐活动上浪费太多的时间。有很多人说，我也知道该做作业了呀，可我就是放不下我的手机，放不下我的游戏。更有甚者，立志今天在图书馆泡一天，结果却是玩了一整天手机。这种情况，一定要做好自己的时间管理，制订好执行任务计划表。其中，找家人、朋友监督自己完成该做的事，是一个颇为有效的办法。此外，把一件看似很难完成、需要花费大量时间的学习任务分割细化，给自己制订一个个小计划，可有效地增强完成任务的自信心。

最后，希望大家提高自制力，对自己的学业负责，也对自己的人生负责，不要等收到退学警告乃至最后被退学时才流下悔恨的泪水。

大四的你，为何崩溃？

最近，好几个大四的同学找娘亲交流，谈到自己的状况非常糟糕。但是，这些同学以前都是"乖孩子"，不玩游戏，按时上课，学习也不算太马虎，是让我很省心的同学。

为什么在毕业的关口，他们却出了问题，因为各种原因需要结业或者延期毕业？不仅不能按时毕业，而且未来之路也是一片茫然，为什么呢？

一

小L大三上学期有一门功课不及格，当时觉得补考没有把握，就放弃了。因为是上学期的课，只能放到大四上学期重修，但是大四上学期因为想考研，也没有把太多心思放在这门课的学习上，结果期中考试一塌糊涂，期末考试基本上是不及格了。这就意味着他毕业之后需要先办理结业，回来重修完课程后才能毕业；也意味着，即使考研过线成绩也是作废的，所以他只能放弃考研。

见到小Z时，他的情况特别糟糕，已经独自躲在寝室里好几天了。

前几年，他一直没有想好毕业后要做什么。大三暑假开始觉得出国还是不错，于是报考了雅思，但成绩很差；找工作也到处碰壁；想考研又觉得时间来不及了。看着身边的同学一个个有了着落，觉得压力特别大，就想躲起来逃避这一切。但是毕业的时刻总会到来，一直逃避可能毕业设计也不能按期完成，导致不能按时毕业。

看着为难的小 L 和小 Z，其实我的心里也很难受。

每年新生入学的时候，我们总会做新生的入学教育，之后也会举办各种各样的学习经验交流会，但总有一些同学不重视。他们要么觉得告别了"恶魔"般的高中，大学开始要轻松地过；要么觉得毕业很遥远，大学刚开始先"浪一浪"。殊不知，时间就像一闪而过的流星，稍纵即逝。

二

小 Z 说大学的前三年，不能说是浑浑噩噩，但是过得平平淡淡，就是和所有同学一样上课下课，根本没有想到未来的规划。到了大四，发现老师上课经常强调毕业的事，而身边的同学实习的实习、实验的实验、考托福的考托福，自己一下子就蒙了。看着有人在准备雅思考试，他心里也想着要出国，但是为什么出国、怎么出国，他一概不知，完全就是随大流。

小 Z 说："如果大学再来一次，我绝对不会这样颓废。"

我问："那你会怎么做呢？"

小 Z："大一的时候一边适应大学生活，一边好好学习，把成绩都修成高分；大二时就开始做毕业后的规划并为之努力。可如今感觉时间不够，一切都太晚了……"

对于小 Z 来说，确实领悟得有点晚，但是"亡羊补牢，犹未为晚"。

我建议他 gap 一年（间隔年）也无妨。身边很多同学没有申请到合适的学校都会主动申请 gap，关键是自己真的要想清楚为什么出国，以及出国后如何规划，而不是随波逐流，更不能只是为了暂时的逃避。

三

工作这几年，我遇见过很多大三以前很让人省心、大四毕业季各种"掉链子"的学生。为什么？因为他们前几年根本没认真思考和规划毕业后要做什么。

"人无远虑，必有近忧"，如果大学的前几年根本没有考虑过未来的规划并为之提前做准备，那么在毕业季自然会茫然、焦虑以及面对各种艰难的抉择而不知所措。

所以，请将毕业规划的关口前移！也许是在迈入大学的那一天；也许是拿到录取通知书的那一刻；抑或在填报高考志愿的时候，就应该问问自己"大学毕业后，我想干什么？"

四

大一这一年，你或许还处在从高中向大学转变的适应期中。这个适应期的存在是正常的，但是有一点不能忽视：好好学习，不要在学习上"掉链子"。一定要认真上课，即使想转专业也是有成绩的要求和条件限制的。很多同学大一下学期就想转专业，翻看学生手册才知道自己的成绩不达标。

大二开始就要开始了解信息，开启自己的人生规划。你可以和父母交流，和老师聊，向学姐学长请教，尤其是一些已经确定毕业去向的大四的学姐学长们。对于学习经验交流会，请格外重视，方便的话，记下他们的联系方式，约时间深聊详谈。学姐学长们都是很热心的，只要你有疑问提出来，他们肯定会把自己的经验告诉你，供你参考。

大三，就该为了确定的目标铆足劲儿地努力了。如果你打算出国，那就请开始准备英语考试和相关材料；如果你选择就业，那就要找合适的企业实习；如果你想直接保研，那就要充分了解各个实验室的情况，选择好感兴趣的科研方向后联系导师，进入实验室学习。

如果大学的前几年已经做过很多工作，那么，大四对你来说，就是收获和丰收的一年。当然，也可能会面临申请失败等各种挫败，但是未雨绸缪的你，必将更加坦然。

五

进入大学后，你面对的是整个将由你自己主导的人生。你也许会恐惧，也许会感到无助，也许会觉得这种压力是多么的沉重和令人窒息。没错，因为长大就是这样，因为从现在开始你需要承担责任，每一个选择的责任，每一次成功或失败的责任。

所以，尝试去做一个对自己负责的人，从规划自己的未来、踏实安排好做好眼前的每一件事起，让大学成为一个好的起点，迎接不断向上的人生轨迹。

一个"小镇做题家"的交大四年

最近一段时间，讨论得很多的是关于"小镇做题家"的故事。"小镇做题家"指的是"出身小城镇，埋头苦读，擅长应试，但缺乏一定视野和资源的青年学子"，这类学生在大学期间往往会遇到更多的困难。

今天和大家分享交大薛睿的故事。他来自河南省南阳市下辖的一个小县城，算是一个标准意义上的"小镇做题家"。在大学里，他也有过困惑，有过迷茫，但最后凭借着自己的不懈努力，走出了一条属于自己的道路。

大一：打击来得很快

2017 年 9 月初，是薛睿入学的日子，至今他还清楚地记得初进大学校园的那份喜悦和忐忑。来自各种资源相对匮乏的小城的他，初到这个陌生的城市和大学，不知道该如何度过自己的大学生活。

打击来得很快。开学前，他在网上申报了学校的工科致远计划，并顺利通过了初审，被要求提前到学校进行面试。然而，作为小县城里只知道埋头苦学的"小镇做题家"，他并没有什么面试经历和一些课外活动的经验，因此，在这次面试中薛睿被淘汰了。而开学之后，一系列的打击更是扑面而来：大学英语分级考试只得到了大学英语一级（最低的等级）；C＋＋编程课上身旁的同学都在热烈地讨论老师布置的作业，而他却只能一遍又一遍地看课本、通过百度去检索那些从未接触过的名词……这一系列的挫折，让他很快从大学的新鲜感中醒了过来，意识到了自己与同学之间的差距，开始冷静地寻找读大学的意义，寻找提升自己水平的方法。

为了寻找问题的答案，薛睿开始努力探索。起初，他觉得多参加社团、多和陌生人沟通对改善自己内向的性格有所助益。于是从大一起始，他就研究了学校的各种社团，积极参与面试，但是没有面试经验的他屡战屡败。在经历了几次失败后薛睿终于初尝甜果，加入了几个社团，比如学生体育总会、跑虫俱乐部以及晨曦志愿者服务社等。在这一年里，薛睿参与了很多活动，基本适应了大学生活，性格上也有了一些积极的转变。大一下学期薛睿选修了殷杉老师的课程"全球变化下的自然和生态"。课堂上老师做了一个统计舔棒棒糖次数的小游戏，从这个游戏中薛睿认识到科研并没有想象中那么高不可攀。因此，薛睿对科研的认识从最开始的只是为了就业，到自发产生了浓厚的兴趣。他开始思索未来的研究方向，并积极寻找参与科研的机会。

大二：尝试科研

大二时薛睿和同学一起申报了机动学院姚烨老师的大学生创新创业项目（以下简称"大创"）。在这次大创中，他们在项目前期准备工作没有做充分，在项目中后期遇到了很多问题，再加上大二学业压力增大，项目最终草草结题，薛睿也只获得了 B+ 的评价。

同时，由于平时花费了较多时间在项目上，导致薛睿的学业成绩也开始明显下滑，大二下学期的学习积分创了他个人的历史新低。这次不算愉快的经历令薛睿对科研产生了一定的畏难情绪。大二学年的暑假，薛睿被一个好朋友拉去参加了一次学生创新中心举办的 VEX 机器人校内赛。由于当时沉浸在学业发展不顺利的低迷情绪里，起初他的参与积极性并不高。但是，为了走出这种情绪，薛睿最终决定参赛。而这个决定在现在的薛睿看来，应该是大学里做过的最正确的一个决定。当时的赛题是在四周时间内搭建一个机器人，要求这个机器人具备收集、举起以及堆积方块的功能。这是一个从未接触过的比赛，最初队友们一筹莫展。

在看了几场比赛后，大家从中选出了最适合的机器结构并开始动手制作。他们用了一周的时间就完成了机器的主体结构，规划在比赛前一周完成机器的搭建工作，留出一周时间去练操控和写代码。薛睿上大学以来第一次感受到了团队合作的魔力，每个人各司其职，在相应的时间完成各自的任务，这种"劲往一处使"的感觉让薛睿感到无比愉悦。很快到了比赛的日子，上午的积分赛他们势如破竹，但在下午的淘汰赛上，由于操作手薛睿的失误，在第一场淘汰赛中他们就惨遭淘汰。

如此高开低走的情势当时就击垮了薛睿的内心防线，让他陷入了对之前一个月努力的怀疑之中。不过，队友们察觉到他的沮丧之情后并没有说一些意料之中安慰的话，而是问薛睿要不要一起加入校队代表学校出战。这个建议瞬间就激起了薛睿的斗志和不服输的心，这次失败了下次再赢回来！

大三：越战越勇

于是在大三上学期，薛睿申请加入了 VEX 校队。进队后赛队里的老队员开始教薛睿设计机器人。与校内赛时仿制别人的机器人不同，这次是要自己去设计完成比赛的机器人。设计过程需要用到各种建模软件以及一些加工设备，而所有的东西都需要薛睿一点一点去自学，这对他来说是一个很大的挑战。

同时，在不懈的努力下，薛睿的成绩也稳步上升，大三上学期结束的时候他进入了专业前 5％。在学业、社团工作和 VEX 备赛的三重压力下，大三上学期成了薛睿进入大学以来熬夜最多的学期。那段时间他不仅见识了交大的十二时辰，更磨砺了迎难而上的自信心和勇气。在随后的 VEX 比赛中，尽管大家在备赛的日子经常熬夜，但由于尝试了新的设计思路和理念，备赛时间又很紧张，使得机器人的完成度并不高。因此在 19—20 赛季的第一场比赛中赛队在初赛中就败下阵来，这使得大家心灰意冷。虽然有队员提出离队，但薛睿仍坚持备战接下去的世锦赛。赛队规划提前返校进行寒假集训。但天有不测风云，一场突如其来的疫情席卷了全国，大家不得提前返校。这个时候前期的理念创新就起到了至关重要的作用。由于大家是通过建模软件辅助设计的，可以在线上共享和修改图纸，再由上海的同学负责制作，实现了"云造车"。经过几个月的设计，他们终于做出了超越当时赛季其他机器性能的新版机器人。正当他们摩拳擦掌准备参加世锦赛的时候，却得知世锦赛因疫情被取消了。这对薛睿来说，似乎意味着没有机会再赢回来了。但是这次薛睿并没有之前两次那么沮丧，因为这一路走来，他成长了很多。暂不论这一年学到的各项技能，开阔了眼界，提升了抗挫折能力，单单是一路走来收获的友情和努力拼搏的幸福感，便已弥足珍贵。有一天，薛睿在微信朋友圈看到了关于支部书记冯苗学长的一篇推文，推文里介绍了冯苗的求学经历。由于冯苗学长同样来自小县城，因此他的经历带给薛睿很多共鸣，这篇推文最后提到了学长选择的致远直博计划。

这是薛睿第一次接触到致远直博计划，学长的优秀让薛睿对致远直博充满了向往，也就在那时，薛睿确定了申请直博的想法。为了达到选拔要求，薛睿更加努力地去学习。在该学年，薛睿获得了上海交通大学A 等奖学金，还更加积极地去参与课外活动，担任了学术科技部副部长等职务。

终于，薛睿在大三暑假的致远直博夏令营中脱颖而出，成为一名致远直博生。

大四：豁然开朗

进入大四之后，由于确定了选择燃料电池作为研究方向，薛睿需要常去实验室。于是他辞掉了体总主任和学术科技部副部长等职务，唯独留下了 VEX 机器人，因为薛睿还是想打一场酣畅淋漓的比赛。

新赛季又有了新的规则，因此需要重新设计机器人。经过疫情中的线上造车，薛睿对新的设计理念和思路已经熟能生巧，很快就设计出了新赛季的机器人，之后就是大量的训练。最终赛队参加了 2020 年世界机器人大会，拿下了全能奖、亚军以及季军奖杯，而薛睿也因此随战队登上了上海交通大学官方微信公众号的"头条"！再之后，薛睿同战队又参加了 VEX 机器人大赛中国区总决赛，实现了技能赛和联赛奖项大满贯，而他也达成了一直以来的心愿：赢回来！

回顾大学四年以来的点点滴滴，薛睿一直在探索前进的方向，从大一时加入各种社团想要认识更多有趣的人进而克服自己的内向心理开始，到大二开始专注于学业科研，再到大三遇到 VEX 机器人比赛并沉浸其中近两年，薛睿不能说自己取得了多么大的成就，但已经可以说"这四年无怨无悔"！至于未来，作为一名致远荣誉直博生，薛睿希望可以在博士毕业后留校进行科研工作，继续挥洒自己的热血；同时作为一名上海交大的学生，他希望在若干年后可以让交大以他为荣，也不枉这些年学校的培养。

从"小镇做题家"到致远直博生，这篇文章回顾了薛睿在交大四年遇到的挫折和所付出的努力。我们也希望他能在接下来的日子里，一直保持这股冲劲，最终实现自己的理想。

第 *3* 部分

人际交往篇

请让你的孤独恰到好处

人际关系"挫败感"是一门必修课

娘亲公众号后台经常会收到同学们各方面的提问，比如关于职业规划的、班级管理的、勤工助学的……但是最多的还是心理方面的问题，尤其是人际关系方面的咨询。例如，寝室发生矛盾怎么处理，同学成绩比我好怎么面对，在集体活动中找不到归属感怎么办，等等。

前几年，我曾经处理过一个真实的案例：一个寝室的两个女生，因为其中一个人说另外一个人新买的衣服很难看，两个人就因此冷战了一年。做辅导员的时候，我感到最头疼的问题之一就是寝室矛盾，并不是因为这个问题有多"大"，恰恰是因为这个问题实在太"小"，常常是作息时间、卫生打扫安排、言语交流等小事情引发的冲突。

我们曾在交大官微上进行过"大学应该处理好哪些关系"的探讨，得到了同学们的积极反馈，有近一半的同学提到了和室友的关系。在日常的学习和生活中，与室友的关系是重点，融洽的寝室氛围是保证良好学习生活环境的核心。除了这个基本关系外，还有很多关系需要我们去处理和维护，而这些新的关系，也是因为生活和学习环境的变化而出现的。例如，与院系老师、班主任的关系，与实验室师长或者师弟师妹的关系，与社团成员之间的关系，与所参加科研项目成员之间的关系，与大学新认识的朋友之间的关系，独立学习与研讨学习之间的关系，等等。

为什么大家在大学生活中会有各种各样的矛盾或者不适应呢？一是成长环境的差异。同学来自天南地北、五湖四海，大家的生活作息、日常习惯肯定会有不同。二是价值观导致对事物理解的偏差。消费水平的差异、交流中观念的不同会在无形中形成内心隔阂，导致难以吐露心声。三是比较产生的不平衡。大家都是来自各个地方的优秀学生，但是到大学后会发现周围有很多比自己更优秀甚至更努力的同学，心里难免产生落差。如何在大学四年的生活中学会处理这些形形色色的关系，保证品德和思想的健康，保证学业和兴趣爱好的双丰收，保证现在的满意度、未来的确定性等，是需要大学生去认真思考的问题，也是需要培养

锻炼的一种内在的能力。

作为老师，我认为，坦然面对大学的各种关系以及这些关系带来的"挫败感"是大学的一门"必修课"。

首先，在大学期间我们需要学会独立思考，树立审慎的世界观，建立批判性的思维。进入大学后，老师不会再手把手地传授知识，更多的是需要自己去钻研与学习。大学采取的不再是高中的应试教育，不能做一个只会单纯接受知识"灌溉"的"好孩子"，丰富多彩的大学生活不是只建立在课堂知识的基础上，更多的是来源于自己的拓展与延伸。

其次，我们需要保持一颗平常心，不断挑战自我、寻找自信。从佼佼者到普通人的心理落差确实很大，我们会发现自己费九牛二虎之力才能完成的事，"大神"们似乎轻轻松松就能搞定。但是请一定记住，保持一颗平常心，每天坚持做好自己的事情，再去挑战一些之前未曾尝试过的事情，注重积累，慢慢地你会发现自己也可以成为别人眼中的"大神"。

最后，我们应该有一个开放与包容的心态，学会待人接物收放自如。大学与高中最大的不同点在于，它已经是一个微型的社会。大学的同学来自全国各地，我们不能再以过去的思维去和同学相处了，不然难免产生矛盾。我们应该学会换位思考，学会开放与包容，懂得尊重与宽容，要在竞争中寻求合作，在这一过程中塑造自己的独立人格。

爱因斯坦曾说过："大学真正教授学生的应该是除去知识后剩下的东西，名为'素养'。"所以，进入大学后从容一点、淡定一些，渐渐地就会明白自己在大学中想要的是什么，进而获得一颗强大的内心。

你总是活得小心翼翼

　　小丽给我私信，说在室友面前总感觉"畏畏缩缩"。后来，我跟她约在办公室交流，谈了很久。小丽来自西部的一个小县城，当初以学校第一名的优异成绩考上了上海交大，虽然父母都是老师，但是他们的工资支付起小丽的学费和生活费却已十分勉强。

　　在没来上海交大之前，小丽还是蛮自信的，因为从小到大，周围人的生活环境、条件都差不多，小丽的成绩又特别好。到大学以后，她发现世界原来是不一样的。就比如寝室的四个同学，其他三个都来自苏浙沪地区，她们用的护肤品小丽都没有见过。上大学前，小丽连 PDF 是什么都不知道，但是室友甚至可以熟练地运用 Photoshop 等软件。上大学前，小丽都没有来过上海，但是室友已经全世界旅游"打卡"了。

　　小丽感受到了巨大的落差，看到那些优秀且生活条件优越的同学总会觉得自己和她们很遥远，和她们一起说话做事都会有点"小心翼翼"的。小丽性格又很敏感，难以和别人"坦诚相待"，她很努力地想表现得自信一些，可是却很难真正做到。

　　小丽的话，在我脑海中反复回响，让我想起这段时间和另外两个同学的交流。其中之一的小美拿了奖学金，我问她打算怎么庆祝，她说打算请几个好友去上海一个米其林餐厅，大概人均消费 2 000 元。"人均 2 000？"我差点以为自己听错，小美说是的，因为其他的几家米其林她们都试过，这次想尝下这家的口味。

而就在同一天，我跟另外一个男生小勇交流。小勇的家庭经济比较困难，他学的还是艺术类专业，平时需要花钱买课程材料。小勇发现自己的钱怎么都不够用，这个学期做了两份勤工助学的工作，还将之前一顿饭三个菜 15 元的餐标压缩到了两个菜 10 元。

一边是 2 000 元一顿的米其林餐厅，一边是 10 元一顿还嫌贵的饭菜，我百感交集。其实，这种差距在同学们中真实地存在着：

一边是一些同学逢假期就满世界旅游"打卡"，一边是一些同学所有的休闲时间都在家教、勤工助学中度过。

一边是从小就习惯了穿戴名牌，一边是从来不知道香奈儿是啥。

一边是从小就穿梭在霓虹灯下，一边是从未见过高楼大厦。

一边是从小就到全国各地实践，一边是从未尝试过书本外的学习。

这些现象是大学校园真实的存在。虽然在同一个校园，但有一条缝隙却无形地裂开了。中国每年有多少大学生靠着自己勤工助学赚取生活费还要补贴家用？又有多少同学过着成年人都羡慕的奢侈生活？

其实，在刚做辅导员的时候，我或许会跟小丽说，虽然你的同学们比你有钱，但是她们没有你"快乐"。但事实上，她的室友们也是快乐、幸福的，室友们也很纯真，也很善良，她们也有爱她们的爸妈，有很好的闺蜜，有很多的爱好，有很高的精神追求和富足的精神享受。

在大学、研究生、毕业、工作阶段，就经济条件来说，小丽和她们的差距也许一直都在。小丽的室友们一毕业，或许什么都有了，她们毕业的起点也许就是小丽这辈子奋斗的终点。

过几年，小美打算在市区买第二套房的时候，小丽或许还在纠结首付的第一套房是在闵行郊区还是松江郊区。

小美在考虑是不是该去一些小众国家"打卡"时，小丽想的却是是否该带爸妈去一趟"新马泰"，因为他们还没出过国。

小丽不敢买名牌包包，不敢生病，不敢去旅游，她需要活得小心翼翼，才能经营好自己的那个小家庭。

······

所以，根本没有同一起跑线一说。因为每个人的出生环境、家庭条件、成长背景都是不一样的，有些人就是含着"金钥匙"出生的，有些人却生来家境贫寒，这就是现实。

对的，上面都是"现实"。但是，还有一个现实小丽没有意识到。那就是：室友的幸福快乐与否其实跟她个人的幸福快乐是不相关的。

同学们可以很幸福很快乐，这不妨碍小丽成为那个快乐幸福的自己。用通俗的话来说，就是"不要和别人比较"，这是娘亲跟小丽交流时强调的第一点。是的，生活最终还是自己的，不要把过多的注意力放在别人的生活上，因为每个人都是独立的个体。

或许你会说，和室友抬头不见低头见，想要不比较很难。那么，对于小丽来说：一方面，她需要找到自身的闪光点，可能家境比不上别人，学习或工作也与别人有一定的差距，但是要相信自己总有优秀的地方。或许只是一些很简单的小技能，即使不被关注，那也是一束自己独特的光。另一方面，小丽可以找一些有共同经历的同学，一起学习、交流，当然也可以调整心态和室友们成为好朋友。

第二点，我希望小丽一定要注意身体，包括自己和家人的身体。尤其是爸妈，要提醒他们定期体检。因为我知道，平凡的家庭禁不起太多的波折和风浪，对于小丽或者大多数家庭来说，一家人健健康康、快快乐乐的其实就是最幸福的事情。

第三点，还是要努力，要奋斗。我们都说知识改变命运，这永远没错。人们生来就不是站在同一起跑线上的，这是谁都不能改变的事实，但却可以通过自己的努力尽可能地到达自己想要到达的目的地。我们能做的就是去争取、去攀登，即使现在的高度并不一定比别人高，但相比自己原来的高度，我们已经上升了很多了，这种成就感是只有自己才能体会到的。

请让你的孤独恰到好处

传说中的寒潮终于如约而至，在家中整理这几天给新生的小调查，在回答"这半年来，你最心酸的一刻是什么样的？"这个问题时，学生H这样写道："最心酸的是独自一个人在宿舍里度过中秋月圆夜。到大学之后我好孤独，每天都是一个人，一个人吃饭，一个人去图书馆，没有人陪伴。"

其实，不只刚来大学的新生们，我们每个人都会有孤独的时刻。一个人旅行，一个人看电影，一个人挤着公交去医院，一个人午睡就到了天黑，只听见窗外淅淅沥沥的雨声……在一群人中说说笑笑，却清楚地知道那不是自己；听朋友们畅聊天南海北，自己既不愿多言，又无法融入；走在熟悉又陌生的城市里泪如雨下，太多的无奈委屈却不知道从何说起；面对现实和梦想，突然不知道自己身处何方，思索着这样的生活有何意义……

我和学生H说："不用心酸，其实孤独有时候是一种非常好的状态，是用来与自己交心、认清本心、超越自己的美好时光，孤独会让你学会和自己独处，做自己喜欢的事情。"

我们不得不承认，越长大越孤单。

我们不得不承认，越孤单，越怕和自己独处。

我们身边有些同学非常不适应独处的时光。小 K 是我以前辅导过的一名女生，有一天她过来找我："娘亲，我好空虚！"她说自己不能忍受一个人，所以她会让琐事把每个休息时间都填满，逛街，看娱乐节目，朋友聚会……

我问她："如果一个人会怎样？"她说："一个人的时候会手足无措，特别难受，觉得自己没有朋友，好像被世界抛弃了。"

有些时候，为了不孤独，我们会费力地让各种琐事或娱乐填满我们的空闲时间，希望用忙碌赶走孤独，避免和自己独处。可是，这样就可以不孤独了吗？为什么要如此拒绝时间给我们的礼物呢？

孤独可以让我们直面本心，审视自己，不至于迷失自我。每天的反反复复、忙忙碌碌，难免茫然和盲目，孤独让我们摒弃浮华与纷扰，学会深层的专注和平静，感知自我的存在与价值；孤独不单单是思考与冥想，孤独是时间赠予我们追寻意义、超越自己的礼物；孤独让我们学会和自己独处，找到与时间相处的方式，体会生命的欢欣与从容。

这几年 TED 上最有名的演讲之一是 Sherry Turkle 的《保持联系，却依旧孤独》。这位来自麻省理工学院的教授讲述了这样一个现象：现在虽然联系越来越多，但人们却更加感到孤独，原因是没有培养独处的能力——一种可以与外界分离、集中自己思想的能力。

所以，不要害怕孤独，这只是时间让你与自己相处。一个人旅行，羊肠小道也可以看尽风景；闲暇的午后捧一本书，简单的文字也可以阅尽沧桑；煮一杯咖啡，浓郁的香味也可以感知冷暖；尽情地奔跑、自由地跃动也可以放空做自己……孤独，不是让忙乱吞噬了生活，不是让孤寂淹没了自我，而是让我们在忙乱的生活中学会从容，在喧嚣中不失自我。

如果孤独让你终日眉头紧锁，自怨自艾；如果孤独让你一味地沉溺自我，与他人格格不入；如果孤独让你消极逃避，充满忧伤——请记住，这些都不是孤独的本意。孤独里有悲，但不是沉浸于悲伤，而是悲悯；孤独里有苦，但不是跌落苦海，而是苦其心志；孤独里有自我，但不是唯我独尊的自私自傲，而是舍我其谁的包容与融入……

所以，请让你的孤独，恰到好处。

你是"社恐"？我也是

最近打算组织一次团建活动，原以为同学们会情绪高涨，结果报名的人寥寥无几。问了同学们原因，有的回复说因为"社恐"。这当中有期末季的现实因素，也有活动本身的趣味问题，但是"社恐"这个专有名词确实越来越经常出现在大家视线中。

朋友小 D 说，在单位他最想做的事就是消失在大家的视野中，不让大家知道他的存在。

同学小 Q 说，虽然加入了学生社团组织，但是却只想做个透明的工具人，可以搬凳子、搬椅子，但不想做"焦点"。

想起最近看到的一个团建的段子，简单粗暴，但是大家却都欢欣接受。

Boss：你组织一下公司团建，既要有意义，也要大家都喜欢。时间就安排在明天吧，标准是 500 元/人。我已经通知财务安排了，你随时可以去找财务室领款。

员工：收到。

Boss：团建怎么安排的，我怎么没收到通知？

员工：我一人给他们发了500元，让他们明天休息一天。我和他们都说了，是公司和老板对他们努力工作的奖励。

社交恐惧症，在心理学上其实是一种"焦虑性障碍"，其特征包括处在公共场所或与人打交道时出现的显著而持久的害怕心理状态等。当下很多年轻人自称的"社恐"，并非达到疾病的程度，而是一种回避社交的状态。让人不禁思考：为什么大家都越来越"社恐"，或者说不喜欢面对面交流了呢？

有一方面原因，可能是"怕尴尬"。有些时候，参加陌生人的聚会或活动，大家可能并不认识彼此，导致刚开始的交流变得非常尴尬。在社交尴尬的时刻，我们往往会感到不自在，害怕自己的言行会引起他人的注意，进而产生一些不必要的紧张和焦虑。因此，选择躲避社交场合成为一种自我保护的手段，让我们在舒适的个体空间中避免可能的尴尬局面。

另一方面原因，可能是"怕麻烦"。现代生活节奏快，工作繁忙，我们可能已经感到筋疲力尽。在这种情况下，参加社交活动可能会被视为额外的负担，因此，一些人更愿意选择独处或远离社交场合，以腾出更多时间和精力应对生活中的各种挑战。

社交活动往往需要花费一定的精力，包括准备、参与和之后的社交互动。对于一些疲于奔命的人来说，这可能是一个不小的负担，因此远离社交，减轻这种压力，成为一些人的选择。

当然，还有一个原因是互联网的虚拟性和易得性。通过社交媒体和网络，我们可以在虚拟空间中建立自己的社交圈子，与他人进行线上交流，分享生活点滴，而无须参与实体社交活动。这种便利性和自由度让人们更倾向于选择在虚拟世界中建立关系，而非面对面的社交。在网络世界中，我们可以更自由地表达自己的观点，而不必受到现实社交中可能存在的限制。

因此，在现在这个"社恐横行"的情况下，不少人提倡要进行更多的线下社交。当然，我们也要意识到，线下社交并不是为了让每个人都成为社交达人，而是为了在大学时代创造一种轻松、愉快的社交体验。

其实，对于那些害怕社交的人来说，逐步调整心态，采取一些简单有趣的措施可能是更有效的方法。例如，可以试着参加一些小型、亲近的社交活动，包括一场小型的聚餐、迷你游戏夜或者电影马拉松等。这

样的活动通常更加轻松，让你可以在熟悉的环境中慢慢适应社交氛围，减轻社交压力。

当然，我们不鼓励强迫自己去参与不喜欢的社交活动，而是提倡大家尝试参加一些轻松愉快的活动，从中找到适合自己的社交方式。社交并不是一道必须跨越的坎，而是一种有趣的体验，希望大家都能在这个过程中找到属于自己的乐趣，发现更多有趣的人和事。

请摒弃多余的网络社交

最近几天，我退了很多微信群。不知从何时开始，我发现自己的生活越来越碎片化，手机不是麦克卢汉（《理解媒介：论人的延伸》一书作者）口中人体的延伸，着实成了身体的一部分。

虽然我是因为做网络思政教育和大家相识的，但是新的一年，我却想向所有人呼吁：请摒弃多余的网络社交。

前几天一个学生和我探讨，他非常喜欢刷微信，但是越刷越焦虑，因为发现同学们都过得特别开心，旅游、品尝美食，还有各种获奖，而自己就感到特别痛苦。是的，多余的网络社交容易造成"个体焦虑"。

我和这位学生分享了新媒体社交中的"表演化生存"的概念——人们习惯于在网络上进行"自我塑造"，通过各种方式塑造理想中的"自我"；与此同时，互联网中的呈现"只有结果，没有过程"，这往往会强化个人的"获得"，例如旅游的美景中过滤了漫长的奔波，获奖背后过滤了努力的场景。

而为什么同学们的晒图会让人感到焦虑或者不安呢？这是因为互联网拉近了大家之间的空间距离，朋友圈使用户处在一个广泛的社会比较的环境中。德国洪堡大学就做过一个调查，发现脸谱网（社交网站 Facebook）引发的嫉妒心理十分普遍。研究人员甚至发现，大多数人在浏览脸谱网页面后感觉心情更加糟糕，对生活更加不满，尤其是那些只浏览却没有上传任何信息的人，受到的影响更深。

多余的网络社交，除了容易引发个体的焦虑外，还有两点不能忽视：一是容易形成"信息茧房"，二是容易浪费时间。

因为工作的关系，我的好友大部分是高校师生，我渐渐发现自己的交际圈越来越狭窄。举一个例子，如果我的辅导员朋友发了一篇很火的博文，我的朋友圈常常会被刷屏，但是当我和非辅导员领域的朋友谈起这篇文章时，他们会感到一头雾水。其实这是传播学中的"信息茧房"现象，指人们的信息领域会习惯性地被自己的兴趣或者交际圈影响，从而将自己的生活桎梏于像蚕茧一般的狭窄的信息领域中。

浪费时间其实不难理解。互联网的交流其实和生活中的"唠嗑"相似，只是多了打字的环节。在聊天时，我们会发现时间在不知不觉中流逝。我们常常会在微信或者微博上浏览一些文章，自我安慰这也是一种学习，但是这些碎片化的阅读对自我的深层思维并无裨益。

刷微博、刷微信、刷抖音，我们的手指重复着简单的动作，精神沉迷于网络的虚拟世界不能自拔，但是，网络的世界就是真实的世界吗？

在《理想国》中，柏拉图曾经描写过一个"洞穴寓言"：一个地下洞穴中有一群囚徒，他们身后有一堆火把，在囚徒与火把之间是被操纵的木偶。因为囚徒们的身体被捆绑着（不能转身），所以他们只能看见木偶被火光投射在前面墙上的影子。因此，洞穴中的囚徒们确信这些影子就是现实，从而对外面的世界一无所知。疯狂迷恋网络世界的我

们和洞穴中的囚徒有何不同呢？网络中的世界就如囚徒眼中的"墙上的影子"。

当然，我们处于一个新媒体时代，我并不是建议大家彻底告别互联网，回归"无网"生活，而是可以尝试摒弃多余的网络社交。比如尝试每天告别互联网两个小时。

未来，娘亲仍然会在网络上陪伴大家，但是我更希望：如果你在交大，请你尽量抽出时间，我们约见面谈。如果你不在交大，我会一如既往地回复网络上的问题。

只是，希望大家能够每天给自己一点时间放空，离开网络，回到现实生活中。

不要为了所谓的合群而随波逐流

"娘亲，室友喜欢打游戏，我有必要迎合吗?"这看似有点"幼稚"的问题却每天困扰着很多同学。

进入大学以来，你还保持着自习的习惯，可是你的同学们每天吃饭聚会不断，这让你很不安，觉得自己不合群；班里的其他同学都踩着点进教室，让习惯早到的你深度怀疑自己是不是走错了教室；室友四个人，其他三个每天"吃鸡"到很晚，让捧着书的你成了异类。

……

你有时候会孤独，甚至觉得自己有点另类，尤其到了晚上，你 11 点上床睡觉，可是室友还在那里火热地打"网游"。你想，或许我应该跟他们一样?

2012 年，当小 Z 刚进交大校园时，和所有懵懂的大一新生一样，她也不知道自己该干什么。同学们进社团，她也进社团；女生们聚会，她也一起参与。她喜欢和同学们抱团，因为没有人希望落单。

改变，来自大一学年末的那个五月。她加入了学校的投行咨询协会，决定成为一名咨询师。就像很多人都会在毕业之前列出"毕业前必

做的事"那样，大一结束时她下定决心列出了自己成为顾问必做的"n件事"，于是追梦的旅程开始了。

大二上学期，她一口气修了四门选修课。每天晚上八点半下课后，又回到宿舍写作业和实验报告。她的课程计划已经和绝大多数同学不一样了。大二升大三的暑期，她去了美国名校交流。大三上学期，上课少了，她通过努力找到了令人仰慕已久的实习工作。

大学几年，她的行动轨迹和同学们的似乎大不相同，有时也会成为别人议论的对象。直到大四，她成功拿到了近 10 个顶级咨询公司的"offer"。有个同学给她所写的文章留言道：大学时，总觉得小 Z 有点格格不入，不和大家一起玩，原来她有着这么明确的目标和强大的内心，真的让人很佩服。

是的，为什么要为了所谓的合群而随波逐流呢？

迟到、旷课、通宵……如果所谓的合群就是这般，那么这样的合群只是在浪费时间。暂时的孤独感虽然可怕，但是比这更可怕的是为了消解孤独感而选择盲从。

我们常说，大学要"断奶"，大学要学会独立。这里所说的"独立"，不仅仅是生活自理，更是一种独立思考的能力，知道自己想要什么，并且付诸实践，身体力行。

心理学上有一种从"战略性亏损"到"战略性孤独"的说法，就是指为了摆脱原先那个不思进取的小团体，刻意让自己去承受一段孤独的时光，然后在这段孤独的时光里，不断地充实自己，为未来进一步升级自己的朋友圈做好原始积累。任何时候，请尝试做那个强大的自己，有努力的目标，有充实的内心，当然，更应该有坚定的行动！

大学不谈恋爱是不是不完整？

有位学生问我："娘亲，大学不谈恋爱是不是不完整？"暑假期间，新生们问得最多的就是关于大学爱情的问题。很多经过高三残酷洗礼的同学都幻想大学以一场美妙的爱情为开端，虽然他们的大多数学姐学长还是"单身狗"。其实对于"没有经历过××的人生是不完整的"这样的言论，我只能"呵呵"一笑，这纯粹是用来骗无知"小鲜肉"的话术。

因为渐渐地你会发现，有太多太多所谓的"不完整"：邀你一起逃课的同学说"没有逃课的大学是不完整的"；邀你一起"开黑"的室友说"没有游戏的大学是不完整的"；邀你一起看球赛的朋友说"没有通宵的大学是不完整的"……

这些话只是你安慰自己的借口，就像娘亲每次减肥却想和朋友吃大餐时，就会对自己说"吃吧，吃饱了才有力气减肥"。如果娘亲跟你说"没有拿过奖的大学是不完整的，没有做过科研的大学是不完整的，没有参加过竞赛的大学是不完整的……"你会当作金科玉律并为此义无反顾吗？

话说回来，大学不谈恋爱，一个人又何妨？

娘亲的一个学妹小 X，是个标准的大美女。对于爱情，学妹的观点是顺其自然，不会为了"恋爱"而恋爱。研一这一年，除了完成课程，她还加入了学校研究生会，课余时间做烘焙，学瑜伽，逛展览，还硬生生地锻炼出了马甲线。不仅如此，她还一个人背着包旅行，哈尔滨、乌镇、杭州、青岛、兰州……一个人乐得其所。研一末她申请到了去香港城市大学交流的机会。前段时间她一个人背着包去了香港，现在开始了异地求学的生涯。很多人问学妹："一个人旅行，不怕孤单吗？"学妹说："一个人也可以'浪'得很开心，可以随心所欲地走走停停，拍自己喜欢的风景，做自己喜欢的事……"

上海交大物理与天文学院有个博士生小 Y，标准的帅哥，有着深深的大酒窝，前几年以优异的成绩成功直博，一心梦想着把论文写在祖国的大地上。对于这种学霸，我很好奇在交大"闵大荒"这样的地方，他是怎么打发空余时间的。后来才知道，人家充实着呢！学吉他、画漫画、做公益、健身、玩滑板，这个学期还和好友一起写起了科幻小说，已经连载了好几期。

在大学期间，爱情并不是必需品，它应该是自然而然的产物，而不是刻意的追求。如果真的遇见了一个人，不必躲、不必逃；如果还没有遇见，不必追、不必急，努力地做更好的自己，为了那份命中注定的"相遇"砥砺前行……所以在任何时候都不要因为寂寞去跟风谈恋爱，任何时候都别让对方占据了你生活的全部。

如果下次还有人和你说"不谈恋爱的大学是不完整的"，请昂起头高傲地回答"我的人生还没空虚堕落到需要什么东西来完整"，若是再配合一脸嫌弃的表情效果会更赞。

大学真的容易脱单吗？

每年的毕业季，都预示着大学即将迎来一批小萌新。他们对大学生活有着无限憧憬，充满着好奇。

微博上有一个话题：你最想问大学生的问题是什么？

看到排在第一的热评是"大学真的很容易脱单吗"。我微笑着点点头，表示这是"意料之中、情理之内"的问题。试问有几个人不想在大学谈一场甜甜的恋爱呢？不过，当代大学生的普遍现状却是"脱发容易脱单难"。

于是自带"母胎 solo"（网络流行语，又称母胎单身，指从出生开始一直保持单身，没谈过恋爱）属性的大学生们，想问天问大地，或是迷信地问问宿命"男/女朋友到底哪里包分配？"

让我们一起来冷静地探讨一下，影响你脱单的原因都有哪些。

时间问题

同学们做的调查显示，大一学年可谓是最容易脱单的一个学年。刚入学的新生对爱情抱有美好的幻想，青涩单纯，比较容易被感动或者感动别人，相信只要一方大胆一点主动表白，另一方不讨厌对方的话，就很容易脱单了。但从另一方面来看，大一新生才刚刚告别紧张的高中生活，对大学生活还满怀新鲜感和好奇心，很多人会选择"再发展发展""再等一等""再考虑考虑"，这样一来，犹豫之后也就错过了"最佳"脱单时机。

大二时大多数同学忙于社团活动和学业，在两者之间来回穿梭，有时候连吃饭的时间都没有，就更别提甜甜的恋爱了。

顺利升入大三以后，要紧锣密鼓地准备考证、学习、规划未来，繁忙的大三学生恐怕难以抽出足够的闲暇时间来脱单了。

好不容易到了大四，找到实习的同学忙着实习，找不到实习的同学忙着找实习，决定考研的同学专心考研，除此之外还有写论文、答辩、弄简历……一大堆的事情，谁还有心思去找对象啊！

看吧，这样一分析，你是不是觉得"条条有理，逻辑没毛病"呢？等到毕业时才会无奈感叹：时间真的不等人啊！

专业问题

每年"最难脱单专业排名"这一话题都会荣登微博、知乎等的热搜榜。很多专业男女比例不均衡，更有甚者班里连一位异性同学都没有，这也给拓宽异性朋友圈带来了困难。

比如语言专业。娘亲公众号的一个小编，班里一共 30 位同学，男女比例 2∶28，你肯定以为这已经很悲惨了吧，不，还有更悲惨的，这两位异性同学上大学前就已经有了女朋友……还能说什么呢？只能露出尴尬而又不失礼貌的微笑。

又比如医学专业。学医的人很多，男女比例也不算很离谱，但是经常会听到医学生吐槽"哪里有时间去谈恋爱？分分钟一套'蓝色生死恋'（医学教材）扔过来让你背"。

再比如理科专业。学物理、数学、化学的都是学霸，常言道"数学物理不分家，物理棒的数学也不会差"，看他们一头扎进实验室研究声、光、热、力、电、磁、天体等一堆看不懂的东西时，浑身上下都仿佛闪烁着科学的光辉，唯一的遗憾恐怕就是数理化不讨某些女生喜欢了吧。

还有很多专业也同样如此，可见确实交友不易，脱单更难啊！

脱单小贴士

认识新朋友的第一步就是摆正心态，要有一颗想交朋友的心。想认识新朋友，就要主动。一边躺在宿舍刷剧看漫画玩游戏，一边抱怨自己找不到喜欢的人，这样下去，你遇到喜欢的人的概率基本为 0。所以，为了更广阔的世界，更好的人，走出自己的小圈子，或者把自己的小圈子努力扩大吧。

想脱单很正常，但是不要从一开始就抱着"我就是来找对象，无关人等请走开"的心态去交朋友。看到过很多人，还没有充分了解，只是认为对方不关心自己、性格不好、和自己没有共同点等，就立马主动拉远距离，断绝一切可能性。其实，认真了解下去说不定对方很有人格魅力，或者有跟你合得来的朋友可以介绍给你呢。在社交场合，不要摆着一副"生人勿近"的脸色，即使你特别内向，不善交际，做一个很好的倾听者也很容易让人产生好感哦。

闲暇时间多读书、多看报，充实自己，拒绝做空架子。有空也可以囤点段子，做一个能给大家带来快乐的人，更易融入团体。

不过，话说回来，谁说大学一定要脱单呢？一个人如果很充实很快乐，不也很潇洒吗？

只是当时他正好寂寞，而我刚好闲

小西最近很苦恼，因为前几个月她接受了一个男生的告白，但是小西并不喜欢他。

我问："既然不喜欢，那为什么答应呢？"

小西不好意思地说："因为到大学挺寂寞的，室友这个学期又都脱单了，我一个人孤零零的，然后小东追求我了。当时他正好寂寞，而我刚好闲，索性就答应了。但是接受后，我就后悔了。"

我问她是否尝试过培养感情。小西说自己试过，但就是跟小东不来电。小西问我应该怎么办，是否应该跟小东说明情况。

和小西交流的过程中，我已经感觉出她是会和小东说明情况的，但就是过不了心里这道坎，觉得自己当初太冲动了，用她自己的话来说就是太"渣"了。

娘亲到大学工作后，见过很多小男生、小女生，憧憬着懵懂的爱情，幸福甜蜜有之，后悔懊恼亦不在少数。我跟大家讲过很多甜蜜的爱情故事，这些故事更多是一种细水长流的美好。

这周，我到外地参加两个学生的婚礼，他们是交大的同班同学，大一时两个人没有多少交集。大二时，有一次男生不小心崴到了脚，女孩子出于好心主动照顾，帮忙带饭、补习作业，不知不觉中两人就有了好感，于是就在一起了。之后的大学时光里两人一起努力，双双直博，现在博士三年级，还办了婚宴。虽然两人都来自普通家庭，在上海"安居乐业"还有一个漫长的过程，但是他们非常幸福，因为相互了解，相互吸引，互相承诺"执子之手，与子偕老"。

人们常说冲动是魔鬼，不管如何寂寞和无聊，都不要冲动地开启一段恋情，不然受伤害的还是双方。

那么，如何判断是否真的动心，不做出像小西一样盲目的决定呢？

我们不妨来看看美国心理学家 Sternberg 提出的爱情理论，以此做一个参照。

Sternberg 认为爱情由三个基本成分组成：激情、亲密和承诺，三者缺一不可。

激情是一种强烈地渴望跟对方在一起的状态，通俗地讲，就是见了对方会有一种怦然心动的感觉，和对方相处有一种兴奋的体验。亲密，是两人之间感觉亲近，是一种温馨的体验，简单说来，就是能够给人带来一种温暖的感觉体验。承诺包括短期的和长期的两种，短期承诺就是要做出爱不爱一个人的决定，长期承诺则是维护这一爱情关系的承诺，包括对爱情的忠诚、责任心，是一种患难与共、至死不渝的承诺。

所以，任何时候都不要盲目冲动。如果让自己心动的人来了，认真接受；如果那个人还没到，就继续等待。切不可因为对方正好寂寞，而你刚好闲，就开启一段盲目的恋情，不然只会空留懊恼。

我的身边都是对手和敌人

"我的身边都是对手和敌人。"这是最近和同学们交流时几个同学的原话。

最初谈话的出发点是想问"为什么有些同学到了大学会不开心，甚至还会有一些戾气"，同学们谈起上大学后的竞争和压力，话题最后还是落到了"内卷"上。

小源给我举了几个例子。

一个例子是保研。比如，这个专业 50 名同学中有 15 名可以保研，那么第 16 名到第 25 名中不太熟的同学之间的关系就会很差，因为他们在彼此眼里都是竞争对手，要么挤掉别人，要么被别人挤掉。内卷式竞争会给同学们增添原本不必要的工作量。比如一个同学报告写 5 页，另外一个同学就会写 8 页，甚至 10 页。同时，15 名以内的同学也会产生焦虑，会害怕后面的同学赶超自己，所以人人自危。

另一个例子是竞赛。比如，有两个同学报了同类项目的比赛，奖项数量是限定的，"蛋糕"和资源是有限的，所以这两个同学就会变成竞争对手，关系也有可能变得相对冷淡。小源还说到了大学室友的关系，他说大学室友关系最好的往往是四个不同专业的同学住在一起，因为大家不存在竞争关系，所以相处起来就会比较和谐。

听了小源的话，我既感到震惊也觉得是情理之中的。因为同学们都在校园里面，关注点大多是"学习"，但是保研的名额却是有限的，所以竞争关系就自然产生了。

这里有同学可能会好奇：为什么高中的时候都要参加高考，同学们的关系还是可以不错呢？因为高考的竞争者太多了，成千上万的考生，竞争压力并不仅仅来源于身边的同学，但大学不一样，一个专业往往就是身边认识的几十人或者上百人，既然只是身边的人，就难免会处处比较。

心理学家认为，比较或者嫉妒有两个源头。第一个是相关性。一个人羡慕或者嫉妒的东西通常对于他个人是有意义的，比如《红楼梦》中焦大就不会去羡慕林妹妹。第二个就是相似性，即你与比较的对象之间有相似之处，比如同事、同学。两点都符合，相互竞争的同学才会变成"敌人"或者"对手"。

试想：大学期间，在充满"敌人"的环境下生活，是多么压抑和难受啊！所以，还是希望同学们能够保持平常心。

平常心，看似容易，该怎么做呢？

对于当下，做好自己、问心无愧就行。也就是我再三说的"把自己的人生活成纵坐标"，和自己的过去比较，不要和身边的同学比较，只要自己尽力了，就问心无愧了。

对于未来，还是可以寻求更多的出路的。我在读本科的时候一心想着就是要到外校读研，能保就保，保不了就考。当时给了自己一个底线思维：大不了就考研，所以心态就好很多。

　　总有一天同学们会毕业，到时回想自己的大学时光，如果发现自己天天活在对比中，真的太辛苦了，不是吗？

　　幼儿园时比小红花，初高中比成绩，大学比绩点，工作后比谁赚得更多……

　　其实，我们完全可以放平心态，不要永远活在处处对比的视角中。跳出专业看专业，跳出大学看大学，或许就能有别样的视野。

可以抬头看着我吗？

有一次，婆婆和我说孩子在幼儿园的一些事情，刚好那时有一个学生发微信向我咨询问题，于是婆婆和我讲话的时候，我就一直低着头看手机。婆婆讲到一半，突然扔下一句："和你讲话，头也不抬！"然后就很生气地走了。

　　说实话，我当时没有意识到这一点，感觉有点委屈，我在处理工作上的事情啊，而且婆婆说话的时候我都一直在听着啊。我觉得婆婆有点"小题大做"了，一家人还这么讲究。几天后的晚上，我去走访男生寝室。我发现，一些同学会站起来和我交流，另一些同学就坐在位置上头也不回，要么继续看书，要么继续玩电脑，我就相当于空气般的存在，这让我充满了失落的感觉，瞬间想起那天婆婆和我讲话时，我的无视是多么伤害老人家啊。

　　那英有一首歌，名叫《一笑而过》，歌词里就有一句"你伤害了我，还一笑而过"。每个人都需要别人的关注，而很多时候，我们却常常无意中做着伤害别人的事。对于这样的一种伤害，很多时候我们不以为意，甚至都意识不到这是一种伤害。

　　婆婆和我聊天，我虽然在听，但因为从头到尾没有抬头，这让她觉得我无视她的存在，轻慢无礼。我去走访学生，学生可能觉得继续做自己的事情没什么，不需要抬头、打招呼、交流，但却让我觉得自己被忽略和不受重视，因而有一种受冷落的感觉，虽然我知道学生是无意的。

　　后来，和心理咨询师宋老师聊天，他说最受伤的是自己上课的时候学生在看手机。或许学生觉得看手机的时候自己还是在听课的，但是无意中却伤害了老师。宋老师开玩笑道，自己最喜欢学生在课堂上的状态是这样的：眼睛忽大忽小，嘴巴嗯哼不停，身体前俯后仰。虽然不知道学生是否真的听懂了，但是起码学生和他有交流、有互动，其中眼神交流特别重要。宋老师说："无论是谁，我们每一个人都希望自己被关注、被重视、被尊重。"

　　美国心理学家 Maslow 曾经提出了著名的需求层次理论，他认为人类潜藏着五种不同层次的需求，从低到高依次为生理需求、安全需求、社交需求、尊重需求和自我实现的需求。我们每个人都渴望被注意，渴望得到别人的认可，这是人类埋藏得最深的本性。

所以，当别人和你说话时，请抬头看着他吧！这是对他人的尊重，也有利于他人自我实现的需要。更何况，眼睛是心灵的窗口，你的眼睛会告诉与你说话的人："我在听，我在关注着你。"

后来，我和婆婆做了一次交流，为自己的行为表达了歉意。婆婆说："我知道你们年轻人喜欢用手机，可是和我讲话的时候，要抬头看着我，和家人是这样，和别人也是一样，这是礼貌，也是尊重。"

互联网时代，大家常常会这样自嘲——世界上最遥远的距离，莫过于我在和你说话，而你却在低头玩手机。其实我们没有那么忙，事情不总是那么急，信息可以晚些回，游戏可以等会儿玩……越是在纷繁忙碌、心浮气躁的信息时代，我们越要珍视与别人面对面的交流，越要懂得礼貌与尊重。

所以，下一次交流时，可以抬头看着我吗？

爸爸是最帅的

学生俞安骑自行车时不慎腿骨折了，我和她的室友在附近医院陪她看医生。俞安妈妈特别着急，一直在微信里和我交流孩子的情况。这是一个来自台湾的家庭，前几年全家一起来到苏州。父母得知孩子的情况后马上开车赶过来。

俞安坐在轮椅上，等片子的时候我和她打趣说，腿受伤了，可以让班里她觉得最帅的男生背。俞安害羞地说："不，我要爸爸背，爸爸是全世界最帅的。"下午4点，俞安的父母赶到了医院。一直坚强的俞安见到妈妈忍不住哭了，妈妈一边给她擦眼泪，一边安慰她。爸爸啥都没说就开始办理各种手续：看片子，咨询医生，到学校拿材料，转院……以最快的速度搞定了所有的事。

晚上10点，我收到了俞安妈妈发来的一张照片：在第六人民医院打完石膏后，俞安爸爸背着女儿回家。我看着照片很感动，爸爸果然是最帅的。

我们常说"母爱如水，自然灵动；父爱如山，厚重深沉"。很多同学说，给妈妈打电话能够叽里呱啦说个不停，和爸爸打电话却是三言两语。在母亲对大大小小的事情操心不停的时候，父亲总是默默地把事情都做了。在成长的过程中，父亲总是看似"旁观"地支持着。

学生小顾的爸爸 2010 年因为患骨癌离开了他，这么多年过去了，他还经常想起下雨天父亲用电动车载着他的情景。他躲在父亲的雨衣后面，爸爸会时不时地碰他一下，确保他安全。每当这时，他就会调皮地和爸爸说："我在呢，我在呢。"所以，现在每当雨天看见别人穿雨衣骑电瓶车，他就会想起爸爸，然后就特别想哭。

小顾问我："娘亲，你能明白这种感觉吗？你爸爸给你最深的回忆是什么？"我给小顾分享了以前写的关于父亲的文章，让我奇怪的是，我印象中关于父亲的最深回忆却是父亲的缺席。

那是我上高中时的一个周五，放学后外面下着大雨，我忘了带伞。走出楼道，发现外面有好几名同学的爸爸拿着伞在等待自己的小孩，那一刻，我觉得特别孤独，特别想爸爸。如果他还在的话就好了，也可以给我送伞，也可以让我依靠。

后来，我读到美国作家米奇·阿尔博姆的《相约星期二》，书中年逾七旬的社会心理学教授莫里罹患肌萎缩侧索硬化症（ALS），已时日无多，学生米奇每周二都上门与教授相伴，聆听老人最后的教诲。当中有个片段，老师莫里回忆起自己幼时家人离去时的场景时悲痛不已，泣不成声，说："我那时是那样的孤独。"米奇不解地问："那是 70 年前的事了，这种痛楚还在？"莫里低声地回答道："是的。"

我想有些痛楚是刻骨铭心的。人生就是这么奇怪，很美妙，也很残酷。"树欲静兮风不止，子欲养兮亲不待"，我们所有人能做的就是好好孝敬父母，好好珍惜现在。

俞安和我说，当天去拍片的时候，她的爸爸跟她说："拍片的地方很远，我背你去。"她乖乖地伏在爸爸背上，结果爸爸没走几步（大概就五六米）就到了，她当时还有点不舍。这就是所谓的很远，其实是怕自己的女儿受苦。

等医生处理好后，爸爸说要把她背到停车的地方去，俞安在爸爸的背上又开心又激动，紧张兮兮地问："爸爸，会不会很重？爸爸，有没有很累？爸爸，走慢一点，小心点。"俞安爸爸害羞地说："不用怕，你很轻的啦。"俞安说，那一刻，她觉得自己好幸福，她真希望就这样伏在爸爸的背上，感受着爸爸的脚步，一步又一步，就这样能够到永远……

妈妈，求求您放过我吧！

前些天，学生小勇的家长找到我，谈到自己很担心小勇的状态，因为小勇上了大学后就很少联系家人，也不愿和他们视频聊天，发微信也是惜字如金。家长很担心小勇，怕孩子在大学里人际交往出现问题。

之后，我和小勇面对面约谈了一次。对于母亲的说法，小勇却觉得很无奈。

他说，他不是不愿意和母亲视频聊天，也不是不愿意和母亲交流，只是母亲的"爱"让他透不过气来。母亲希望掌控他全部的生活，这种掌控甚至详细到每天一日三餐吃什么，每天上了什么课，见了什么人，说了什么话……从他的表述可以看出，他觉得母亲的"关心"仿佛是在监视自己，让自己透不过气来。

做老师的这些年，我遇到过很多类似这样的情况：父母觉得孩子从来不和家里联系，不分享自己的近况；学生则抱怨父母管得太死，自己有种被人监视的感觉。

我们常常以为上了大学父母就会放手，但到了大学才发现，即使相距半个中国，很多的父母依然无法放手，甚至想时时刻刻掌控孩子的动态。

　　可是，孩子和父母之间的关系，并不是某一方一味付出或者不断索取的，而是双向的：只要父母对孩子给予了足够的信任，孩子也会回馈父母成长的收获。

　　中国自古就有"孝顺"一词。于古代的释义就是，孝即是顺。作为孩子，顺从父母，就是孝的体现。"孝"字拆开来，上面是"老"，下面是"子"，字源的意思是"子承老"，即"子"要承"老"的意志。但是，一味地"顺从"并不是孝顺。其实，父母应该勇于放手。正如小勇的呼喊——"妈妈，求求您放过我吧"。

　　在这里，我想和所有的中国式父母，尤其是中国母亲说一句话："请学会放手吧。"

放手是让孩子成长成熟的第一步。孩子们不能永远生活在父母的羽翼之下，总有一天他们要离开你们去独自生活。人生这么长，他们以后还要交朋友，还要工作，还要结婚……

这辈子，你们是不可能陪伴孩子走完全程的，为什么不让他们在大学阶段就学会独立，成为真正的自己呢？

放手不是放弃，你们可以尝试着改变关心的方式，不是只有时刻了解孩子动态才是真正的关心。情侣之间有句话叫"陪伴是最长情的告白"，作为父母，我们需要做的也是陪伴。在孩子需要我们的时候，帮他们出主意；在他们不需要我们的时候，我们只需要默默地陪伴他们。父母永远是孩子最坚强的后盾。

对于为人子女的同学们，娘亲想说一句："多点耐心吧。"

我知道，很多的同学在面对陌生人或者朋友同学的时候，是一个十分友好且有耐心的人，但是面对父母的时候，就会缺少耐心去理解他们。可能是从小被父母宠着，以至于同学们在面对父母时，总是把自己置于更高的地位，有恃无恐地放纵任性。现在，同学们长大了，需要将心比心，和父母交流时多一分耐心。

要知道，父母对你无条件的好不是理所当然的，他们同样也需要你的关爱与理解，这样的反馈能让他们觉得，抚养你长大成人很幸福。所以，下一次和父母交流的时候，不妨多说一点，再多说一点。

我是那么爱他

一

仅半年时间，已经得知三个学生的至亲离世的消息。父母的离开，不仅意味着失去宠溺疼爱的孤独无依，更有那份"子欲养而亲不待"的痛楚。

至今还记得学生小梅的留言，虽然父亲已经离世一年了，可她一直没有走出阴影，始终不能接受这样的现实。小梅说父亲走了以后自己什么都不想做，自己从小的努力都是想让父亲开心，但是父亲的离开让她觉得做什么都没有意义了。"老师，我是那么爱他。我该怎么接受这个事实？我该怎么告别这份伤痛？我该怎么办？"

二

想起上个月有一天在办公室与小俊谈心，他自责地说当初为什么不选择学医，学医就可以救父亲。去年 12 月 23 日，小俊接到父亲的电话，让小俊去医院看他。按照父亲微信发来的地址，他顺利地找到了病房。当时全家人都以为是小病，所以还聊得很开心。

因为学校有事，小俊当晚就回来了。第二天是平安夜，但是对于小俊而言却是极不平安的一晚。叔叔打电话告诉他，他父亲检查的结果是恶性肿瘤，当时小俊觉得整个世界都崩塌了。

那时父亲还不知道结果，小俊就和叔叔一起去上海其他医院咨询。小俊一直有种幻想——父亲是被误诊的。刚开始他觉得是叔叔在骗他，后来他安慰自己说医生也在骗他。再后来他说服自己，肯定是病床上的父亲联合大家在跟他开玩笑……但是，现实很残酷，父亲日渐消瘦，直到最后，他眼睁睁地看着父亲离开人世，一切都好似一场梦。

小俊跟我回忆道，父亲生病后一直很平静，只是当中有一天特别伤心，他哭着对小俊说自己没有能力，这辈子没有赚到很多钱，还没有把小俊养大就走了。小俊说病危中的父亲还挂念着他，他一直很感恩父亲，反倒是觉得自己没用，没能留住父亲。

小俊父亲离世已经有 8 个多月了，可他仍然难以释怀。他很后悔大学毕业典礼的时候没有让父母参加，当时父母提议过，但是被他拒绝了。那时他觉得本科毕业很普通，没什么好稀奇的，想着等博士毕业时再让父母过来，没想到这个心愿竟成为一辈子的遗憾。

直到现在，小俊的手机里还保存着和父亲的微信聊天记录，他经常会翻出来看看。父子之间的交流很含蓄，大多是问什么时候回家，即使是如此普通的日常话语，现在也已经成为小俊内心中最珍贵而又不舍的念想。他时常在想，那时候为什么就不能大胆一点，和父亲说他很爱他，很想他，而现在这句"爱你"已经彻底来不及了。

那天，我和小俊谈了很久，很多细节已经忘了，但是有一句话记得特别清楚：医学不是万能的，有时候医生也不能挽回至亲的生命。

三

命运似乎对小斌更加残忍。大三时的那场车祸一下子夺走了他的双亲。父亲开了大半辈子的货车，一直平安无事，但是突如其来的车祸竟这么极端地摧毁了整个家庭。

当时还在学校的小斌接到小姨的电话，说他的爸爸妈妈出车祸了。电话那端的小姨哭得撕心裂肺，他似乎已经猜到了情况的严重性。当天从学校赶回家，第二天又从家里赶到事发地的殡仪馆，直至把父母的骨灰抱回家，小斌都异常冷静。他说看似冷静，其实是不愿相信，也无法接受。

父母离开三年后，小斌还是不敢正视这个事实。有时候晚上睡觉突然惊醒，会不断问自己父母是不是真的已经不在了？这时他眼前就会浮现那天父母的遗体被推进焚尸炉的情景……他是那么痛彻心扉和绝望。

小斌想起曾和父母说过，以后想去国外读书，可能需要一大笔钱。因此，父母总是争分夺秒地拼命赚钱，为了以后能够负担得起他更好的选择、更好的未来，但如今父母已经不会出现在他的生活里了。我和小斌聊过很多，聊过学习，聊过家人，聊过那部叫《海边的曼彻斯特》的电影，也聊过那本叫《天蓝色的彼岸》的小说。

四

《海边的曼彻斯特》这部电影的男主人公李是独居在波士顿一所公寓大楼的勤杂工，拿着最低的工资，住在开不了窗的地下室，性格诡异孤僻。李原本有着正常而美好的家庭，但因为他的疏忽，一场大火毁掉了一切，两个女儿未能幸免于难，妻子离他而去……从此以后，男主人公就将自己封存起来，拒绝了全世界。后来，当得知哥哥因心脏病去世的消息后，他赶回了家乡曼彻斯特，成了侄子的监护人。从始至终，他都没有走出亲人去世的阴影，前妻曾想努力把他从悲伤的漩涡中拉出来，但没有成功。

整部电影没有"鸡汤"，也没有惊喜。末尾，男主人公哭着说："我真的走不出来。"和大多数电影最大的不同是，这部影片没有轻巧地给主角安置一个"被救赎"的结局，也没有简单地来一句"忘记过去，重新开始吧"——这也许才是我们真正的人生，没有一帆风顺，有挺住和坚持，也有挺不住和改变不了。

电影试图告诉人们的是：深沉的悲伤，不会有一剂吃了就好的药方，人们能做的是直面痛楚，继续生活。就像小俊说的，父亲离开的悲痛他一辈子都不能走出来，因为父亲曾经那么真真切切地存在过，又这么真真实实地离开了。

对于小梅同学提出的问题："我该怎么接受这个事实？我该怎么告别这份伤痛？我该怎么办？"

我的答案是："坦然地接受事实，不用告别伤痛，你要做的首先是承认伤痛。"

那该怎么办呢？一起看下《天蓝色的彼岸》这部小说吧。

五

由英国作家 Alex Shearer 创作的《天蓝色的彼岸》，讲述的是小男孩哈里经常和姐姐雅丹吵架，有一次吵架后，哈里生气地对姐姐说："我恨你，我再也不回来了。"结果他出门后被卡车撞倒而死去。之后在幽灵男孩阿瑟的帮助下，哈里完成了返回人间安慰伤心的父母、向姐姐表达爱意的心愿，最后他和阿瑟一起毫无遗憾地奔向了天蓝色的彼岸，等待新的轮回。

"死"，永远是个令人忌讳且敬畏的话题，但只要有了爱的填充，就会是美好的。

是的，请带着爱好好活着。

就像小俊说的，每当很伤心不想做事的时候，就会想如果爸爸还在的话，肯定不希望看到他现在这个样子。小斌也曾说过，父母之所以那么努力赚钱，就是想让他过上一种更好的生活。虽然现在的生活里没有了父母，但父母一直活在自己的心里，他必须努力，因为意志消沉的生活与父母当初的爱和原本的希望是背道而驰的。

所以，怎么办？

带着父母的爱，继续前行，活成他们希望看到的样子吧。

第 4 部分

心理情感篇

年轻的你为什么不敢呢？

老师，孩子以前是很优秀的

2017 年上半年，湖北某大学大二学生小吴从学校出走后一直失联。小吴从小品学兼优，通过"自强计划"考上了大学。远在贵州六盘水市盘州市的父母来到武汉踏上了寻子之路，一个月来悲伤绝望，甚至跪地求助。得知儿子去世的消息后，在派出所门口，母亲哭到昏厥："我要我的大学生儿子！"

2022 年 4 月 22 日凌晨，四川某大学 2016 级博士生、年仅 29 岁的小曹在校内从 17 楼跳下，不幸身亡。据报道，小曹来自河北农村，父母都是农民，家中还有一个只有高中学历的哥哥。整个大家族只有小曹一人接受了高等教育，他的死令年迈的父母濒临崩溃。

这些父母亲撕心裂肺哭喊的场景让我深受触动。想起几年前的一个下午，一位母亲在我的办公室里哭得不能自已，说得最多的一句话就是："老师，孩子以前是很优秀的！我要我的孩子！"

她的孩子小张当年以全县第三名的成绩考入大学。在大学里，小张虽然很努力，但总是打不起精神上课，经常失眠、哭泣，做得最多的事情是在寝室发呆，有段时间还用小刀自残。大二时被医院诊断为抑郁

症，成了我们重点关心的对象。在之后的一年时间里，症状时好时坏，最终他们决定休学一年。

我见过太多有心理障碍的同学，也经常收到来自全国各地同学们的私信，讲述着关于抑郁症、强迫症、暴食症、厌食症的经历……很多似乎只在心理学书籍上出现的术语，却被一些同学刻骨铭心地经历着，让他们承受着巨大的身心压力。

我国大学生多数处于18～24岁这个年龄阶段，这是走向成熟的关键期，这一时期的大学生心理发展不成熟，情绪不稳定，更容易造成心理冲突。对环境的适应情况，人际交往情况，乃至在学习方面的困难、恋爱关系的处理，都会影响心理健康，导致心理疾病的发生。

大学生心理健康教育的重要性是毋庸置疑的，娘亲在此不想赘述，只想重申几点：

第一，心理疾病并不可怕，也不神秘。它和感冒、发烧一样，是反映我们身体、心理机能是否超出承受阈值的信号，而且越早发现和识别不良情绪，越早寻求帮助，治疗的难度越小。我们每个人都要关注自己的心理健康，将心理问题的把控关口前移，而不是等到问题严重了才去解决。另外，及时进行心理疏导、心理治疗，很多心理疾病是可以康复的。

第二，"你永远不是一个人"。每个人或多或少都有点心理问题，当我们发现自己的情况变严重时，不要自我压抑和放弃，要主动寻求帮助。我们可以向父母、辅导员、朋友寻求帮助，尤其是向学校心理咨询老师求助，他们接触过多种不同的情况，即使不能解决，也可以转到相关医院进行治疗。

第三，你还是那个优秀的自己。别人都说最美的风景不在终点，而在沿途。人生也是如此，经历得越多，成长也就越多。生活中总会有一些"黯淡"的时光，或许这只是这个世界想让你单独待会儿。受过难，迈过坎，挺过艰辛，你还是那个优秀的自己。

生活中充满着阳光，或许是从这个世界获得的，或许是你给予这个世界的。要相信阳光总在风雨后，要相信办法总比困难多，要用这唯一的宝贵生命去克服困难，陪伴亲友，活出不一样的精彩。

年轻的你为什么不敢呢？

我曾在"形势与政策"课上做了一个小尝试，就是课前几分钟，由学生来讲述他们关注的近期国内外时政消息。第一次发言的同学是我指定的，之后我让大家自荐，但是这个环节教室常常会陷入沉静。在我努力地动员、鼓励之后，才会有零星的报名者。

"为什么你不敢举手？"我在两个班级做了小调查，选项设计可能不够全面，但也能看出一二。第一个原因是大家怕麻烦，多一事不如少一事。第二个原因是担心与害怕：担心失误和害怕当众演讲。事后，也有同学给我私信，说当时其实蛮想举手的，但还是害羞，当终于鼓起勇气时，发现已经有人举手了。

我联想到前段时间收到学生 N 的咨询，这名学生的情况稍微严重一些，他不仅不敢当众表达自己，而且在平时的交流中也存在着一些障碍。得到他的允许，我把他的情况和大家一起交流。

> 学生 N：老师，我自从上大学后，越来越不敢在众人面前发表自己的意见，容易受别人建议的影响。不管这些建议是对的还是错的，我大多认为别人说的是对的，没有主见。我还有社交恐惧症，和别人说话会紧张得口吃。我是我们班的体育委员，在我们班参加比赛时却连加油口号都不敢带头喊，我也知道这不好，但就是突破不了内心的瓶颈，感觉如果在那么多人面前出丑很丢人。很多时候我为人宽和，其实就是软弱，小事大事都不敢和别人争辩。真心希望梁老师能给予解答。
>
> 谢谢老师了！

N 在高中时就有这种情况，但是那时候一心高考没有在意，到了大学后这种情况逐渐凸显。N 怀疑自己患有社交恐惧症，在和我的交流中，他一度给我回了几条没有声音的语音。他说即使没有面对面，也还是不知道如何表达内心的想法。

精神疾病中确实有"社交恐惧症"一说，多在 17～30 岁期间发病，核心症状是"害怕在小团体中被人审视"：一旦发现自己被别人注意就不自然，不敢抬头，不敢与人对视，甚至觉得无地自容，不敢在公共场合演讲，集会时不敢坐在前面，故意回避社交……但是在和 N 的交流中，我发现他和室友、其他同学交流都不存在障碍，只有在陌生场合时会缺少勇气，所以我建议 N 不要盲目给自己有心理疾病的暗示，这样的自我标签更不利于克服困难。

在咨询心理老师后，结合自身的心理学学习和实践，我给 N 提出了两点建议。一是重新认识自我。其实别人并没有那么关注你，别太在乎别人的看法，最重视我们的人其实是我们自己。我们在路上摔了一跤，以为全世界都在嘲笑，实际上并没有什么人注意到。退一万步讲，即使被嘲笑了，对我们也没有造成实际上的伤害，还是不痛不痒的，对吗？二是尝试自我暴露。用通俗的话来讲，就是"明知山有虎，偏向虎山行"。既然知道自己不敢在大众面前讲话，那么索性就强迫自己去练习，既可以通过想象的形式，也可以身体力行，让自己待在那些让自身觉得害怕的场景中，强迫自己和陌生人讲话。刚开始时可能会很难，但是尝试后会逐渐发现其实并没有那么难。因为根据情绪的规律，当我们的情绪慢慢地上升，到达顶点之后就会自然下降。经过多次的暴露练习，我们会慢慢地习惯，这个社交情景就不会再引起我们的焦虑。

那么回到文章的开头，关于"不敢举手"的现象，担心自己做不好，害怕当众出丑，这些心理是很正常的，这表明我们需要更多机会来提升自己。关于这个问题的解决方法，我想"重新认识自我"和"尝试自我暴露"依然有效。我们要学会审视自己，看清自己的所短与所需，同样也要看清所处的境地。人生哪有那么多的绝境？很多时候恰恰都是我们所需要努力去克服的。我们要敢于大胆尝试，也要允许自己犯错。我们要做的就是抓住机会。

如果说这些办法都尝试了还是不敢怎么办？娘亲还有一招，叫作"20 秒勇气"，这来自电影《我家买了动物园》。电影中讲到当一个人还在犹豫时，只需要鼓起 20 秒勇气，强迫着自己做决定。在我们平时的学习生活中，一定会遇到很多犹豫的时刻，比如是否参加比赛，是否报名社团，是否举手发言，这个时候只需给自己 20 秒勇气，在 20 秒内迅速把报名信息发出，迅速举手发言，这样就已经迈出了第一步，接下来就只能乖乖地进行准备了。当你因为"不敢失败"而举棋不定的时候，不妨试试 20 秒勇气，置之死地而后生。

青春的从容并不那么难，年轻的自己为什么不敢呢？

你说你因为体育不好很自卑

一位姑娘在我的公众号后台留言说，自己的体育不好，开始讨厌体育课，并且因此产生了人际交往问题。看到这条留言，我想起了自己悲惨的音乐路程……

如果按照学习领域的学霸、学渣分类，那么我在唱歌领域是十足的"麦渣"——五音不全，唱歌跑调到"惊天地、泣鬼神"的地步。从小到大，和唱歌相关的环节我都是绕道而行，去 KTV 是能躲就躲、能逃就逃。记得有一次实在拗不过，和一群朋友去了 KTV，之后朋友起哄，让我和小熊爸合唱《广岛之恋》，我唱了一句后气氛就变得诡异了，然后话筒转到一位年轻貌美的女士那里，于是我眼睁睁看着她和小熊爸把一首情歌唱完。

当然，我不是没有努力过。我请朋友教过，自己也用心学过，结果都不尽如人意。有段时间我还为此感到深深的自卑，尤其在媒体与设计学院学习的时候，别人常说："你学影视的，唱歌肯定很好听吧？""宝宝"心里苦，说多了都是泪啊！后来渐渐地也淡然了，不会唱歌有什么关系？人无完人嘛——这口"鸡汤"还是蛮好喝的。

其实，娘亲身边很多同学都有类似的困扰。比如选修课作报告的时候、专业课做实验的时候，大家也会因为不擅长而产生畏难情绪。面对自己的弱点是一件困难的事情，但因此而产生的抵触情绪其实是对自身弱势的一种回避，是不可取的。

那么，我们要怎么处理这些情绪呢？娘亲通过身边一些成功克服弱点的同学的经验以及自己的经历，给大家分享以下三点：

第一，我们要对自己有理性客观的评价。大家都很熟悉"木桶效应"，讲的是一只水桶能装多少水取决于它最短的那块木板。如果我们把每块木板看成评价自我的一个因素，这个因素可以是美德、幽默感、体能、智力、情商等，木桶里能装多少水就是指自己的综合能力。那么，事实真如"木桶效应"说的那样，综合能力只取决于最短的木板吗？其实并不是这样的。为什么不试试把木桶倾斜过来呢？一个人的综合能力不仅取决于最短的板有多短，更取决于最长的板有多长，这和我们的日常经验也是相符的。

第二，面对影响未来发展的短板，我们可以通过努力学习、锻炼来克服。比如在交际能力上有所欠缺，那么就多与人交流，哪怕是从熟人开始；比如长跑总是不及格，那么平时可以每天都去操场上跑几圈，天长日久总有效果；比如动手能力不行，那么就主动去实验室里帮忙做一些基础的实验，一天天下来总有收获。诚然，由于一些先天性的因素或者习惯问题，不是所有的短板都能够通过训练来克服，但是不妨一试，说不定会有意想不到的效果。

第三，学习的意义并不总在于最后的结果。比如体育课的意义在于教会大家正确进行体育活动的方法，增强大家锻炼的意识，并不是要让同学们精通某项运动。因此，我们应该放宽心态，享受运动的乐趣，享受学习的乐趣。

好担心下一秒就"社死"

前几天收到了小丽同学的私信。小丽性格超级内向，表面上看起来挺开朗，但她实际上很不爱讲话，很怕出现在人多的场景里，也很怕"社死"（社会性死亡）。

她可以跟熟识的朋友谈笑风生，但同时，她会对陌生的环境心存恐惧。甚至，她不敢主动走进老师办公室，路上碰到老师也不敢打招呼。此类种种让她时常背负"不认真"的评价。

曾经她也不是这样不爱说话。只是高中时候发生的一些事情，让她察觉来自本性的暴躁与任性会伤害到身边的朋友，于是她用"坚强"给自己造了一个厚厚的盔甲，把最柔软的部分紧紧地裹起来。

到了大学后，她不愿意参加大型活动，因为她怕融入不了其他人的小圈子；她不敢给导师发消息，因为她担心她的进度堪忧，错误百出，难以让导师满意；她至今没有谈过恋爱，因为她不习惯有男生想要尝试接近她，了解她；她也不敢直视别人的眼睛，她也不知道自己在怕什么。

有着敏感这一天然优势，她一直扮演着"倾听者"的角色。她很愿意为朋友排忧解难，然后把那些负面情绪默默地消化掉。只是最近她说，她觉得很孤单。因为当自己心情不好的时候，她不知道如何在不伤害到身边人的同时，把自己的想法说出来。

尤其是前几天，因为内向的原因，她让别人失望了，是缺少交流导致的误会。她想解释，但是又不敢。她意识到原来内向会导致误会，而这种误会又会因为沟通不足而无法轻易解开。熟悉她的朋友知道，她是在以自己舒服的方式表达自己的想法，但不太熟悉她的人就会认为她"高冷""不尊重人""不认真"。

那么，像小丽这样内向的人，究竟该如何与人相处呢？

首先，要敢于踏出自己的舒适圈。虽然安静地窝在一个人的世界里是舒服的，但是想要更好地适应现实生活，还是要和别人多交流。很多

时候，多交流可以明显提高效率。比如作为学生，多和老师交流可以有效地避免在错误的道路上越走越远。不喜欢的聚会可以不参加，但必要的人际交流还是不能逃避的。其实"内向"不代表"不会沟通"，只是有时候不喜欢踏出自己的舒适圈罢了。只要逼一逼自己，会发现自己远比想象的勇敢。

其次，让行动早于担心。其实小丽同学前面所举例的好多"担心"都是多余的。比如她担心融入不了别人的圈子，但她参与的活动不多，又如何能保持和别人有共同话题呢？经常性地给自己负面的心理暗示，设想各种各样可能会出现的尴尬场景，会束缚自己与人的交往。因此，在列举各种"担心"之前，不如尝试"厚着脸皮"直接行动吧。

最后，不要轻易给自己贴标签。不要把"内向"作为一个标签贴在自己身上，更不要让它变成一个随时可用的借口。不管什么样的社交场合都以"内向"来拒绝，久而久之不仅自己会真的相信自己不适合与人交流，而且其他人也不愿再来接近你。这种恶性循环会让人真的陷入只有自己的小世界里，慢慢地与世隔离。

内向本身不是问题，内向的人和外向的人从本质上来看也没有区别。他们看待世界的角度可能不同，对待世界的方式也可能不同，但这不代表哪一类更有优势。

我给小丽同学的建议是：不要因为内向而自卑，只要找好一个平衡点，既能让沟通保持在自己舒适的尺度下，也能让它有效地表达自己的想法。

愿你的每个决定都不是因为逃避

一

学生小勇觉得自己并不适合现在所学的物理专业，相较而言，有些同学的天赋过人，他却一直表现平平。他很后悔当初高考填报志愿时没有报医学，他想自己在医学方面似乎有点天分。小勇的这种困惑我并不诧异，因为开学以来有好几个同学就类似问题和我进行过交流。

娘亲：为什么想学医呢？

小勇：就是觉得自己无论是天赋还是性格都比较适合。

娘亲：天赋和性格比较含糊，你对医学了解多少呢？

小勇：我不怕吃苦，很在意生活质量，并且希望自己将来可以出类拔萃。

娘亲：学医其实蛮苦的，也许并不是你想的那样……这样吧，老师有很多学医的朋友，我把我们的聊天内容匿名发到朋友圈，让你听听来自医生朋友的想法和建议，可以吗？

不出所料，我们的对话一下子就被学医的朋友刷屏了。

回复 A：很多同学只是想当然觉得自己适合学医，只有真正接触后才会发现现实与自己的想象不同。个人觉得要是真想学医，必须彻底了解医疗行业中的各种情况。

回复 B：如果学医的目的不纯粹，即使有再高的天赋也是学不好的。况且，没有兴趣真的学不下去，也终究不会成为他想要成为的那种人。

回复 C：我是转到临床专业的，一点感悟就是"不要这山望着那山高"。

回复 D：医生意味着强度极大的工作和目前仍然性价比不高的收入，即使成为专家，要靠做医生过上体面的生活也并不容易。

……

还有很多的回复，我都如实地反馈给了小勇。小勇看完之后说："我是有点期望太高了，不管从事哪一行，想要做到出类拔萃都要付出比别人更多，我还是先实践再做决定吧。"

二

小勇的事情让我回忆起最初工作的半年。当时面临着住房、适应新工作、宝宝教育等各种问题，这一度让我很懊悔，甚至想索性辞职回老家吧，老家的压力比上海小多了。

朋友反问我："回去了问题就都解决了吗？虽然老家的房价相对低一些，但是回去后还要重新找工作，也会面临着住房问题，还有户口、小孩教育，甚至还有新的人际关系……这些问题你都没有考虑过。不是选择回去，问题就会消失的。"

最后，朋友说了一句"其实，你只是在逃避"，这句话让我内心一惊，犹如醍醐灌顶。

是的，在我们不如意的时候，往往会美化另外一种选择。就在今天上午，又有一名同学找我交流，说当初的志愿是瞎报的，并不喜欢现在的专业，非常后悔当初的选择，如果可以去某某专业一切问题就解决了。可是，如果可以重新选择，真的一切问题就解决了吗？

这就是我们熟悉的"围城"：外面的人想进来，里面的人想出去，我们总觉得外面的世界更精彩，理想中的世界和亲身经历的永远相差很远。有一个术语叫"在别处症候群"，指的是人们对所处的环境厌恶时就会对别处的生活充满向往。这种向往，有时候只是我们对现实的失望和逃避，即使去到别处，也未必能过上理想中的生活。

三

面对选择，我们慎而又慎，觉得改变选择就可以改变一切，然而，事实上并没有一个所谓的一劳永逸的"好的选择"，在每一个选择之后，我们需要做的是脚踏实地和砥砺前行。也许正是这选择后的坚守与无畏，才让我们的选择成了"好的选择"，并且更有意义。

我告诉小勇，想学医仍然是有机会的。上海交大医学院有一个"4＋4"项目，是面向非医学专业的理工科本科毕业生的，这些毕业生如果取得免试直升研究生资格并通过交大医学院的面试，被录取之后继续四年的硕博学习就可以获得医学博士学位。我认识的好几个同学就是通过这个项目圆了医学梦。

现在小勇最重要的是好好调整、适应，学好目前的专业。当然，也可以先接触、了解医学专业，三年后如果还是真的喜欢医学，并且在充分了解的基础上，不妨去尝试"4＋4"项目。

心理咨询中有个"现实疗法"，由美国精神病学家威廉·格拉塞于20世纪40年代提出，说的是要重视现在超过重视过去，强调过去的事实无可改变，因而应将眼光放在现在和将来的发展上。人只有学会正视现实，告别逃避，积极面对当下，才能承担起责任。

所以，无论何时，愿你的每个决定，都不是因为逃避。

你可能得了冒名顶替综合征

期末成绩公布后，陆续有同学就考试问题和我交流。一些同学是因为没有发挥好，觉得伤心失望，立志要好好学习；还有几位同学却是对自己的好成绩产生了深深的质疑，不敢相信自己考得这么好。

大三的小 A 就是，他一直很奇怪，觉得自己的绩点排名不可能这么高。小 A 来自中部地区的一个小城市，高考时以优秀的成绩考入了上海交大。虽然高中时成绩一直在年级名列前茅，但他总觉得是因为自己运气好，发挥超常才考上了上海交大。

小 A 上大学后学习一直很努力。现在已经大三的他，成绩一直在本专业名列前茅，但他觉得这是假象，他认为别人都高估他了，觉得老师和父母把他想得太好了，真实的他真的很笨、很自卑。

其实，像小 A 这样的同学不在少数。每一年，都有一些同学眼中的"学霸"在深深地纠结、自卑，不敢相信自己取得的优异成绩。

之前，在加州大学伯克利分校访学期间，我和伯克利分校的心理学家 YiDu 进行了探讨。当我把这个问题讲完时，YiDu 就笑了。她说："梁老师，你知道吗？在伯克利分校，每年都有很多同学认为伯克利录取他们是因为招生委员会的一个错误。"YiDu 在做咨询师期间，接触了很多类似的案例，一些在众人眼中很优秀的学生，却被自卑深深地困扰着，总觉得自己的成绩是假象。

YiDu 说，在美国这种现象甚至还有一个专业术语。这引起了我的兴趣，在 YiDu 的进一步讲解下，我得知原来这是 "Imposter Syndrome"。

"Imposter Syndrome" 的中文翻译是 "冒名顶替综合征"，又翻译为 "负担综合征"，意即虽然身边的所有人都觉得他很优秀，他自己却总在心里默默地想，"其实他们都被我骗了，我并没有那么好，那些名利并不是我凭借真正的能力得到的，也许就在下一次，我就会露出马脚"。这样的想法不断在他脑中盘旋。

原来，这在中美大学生中都是一样的。那怎么面对这个冒名顶替综合征呢？

首先，归因很重要。归因是指人们对自己行为原因的推论过程。得了冒名顶替综合征的学生最大的特点就是，把自己的成功归因于努力、运气好。所以为了不被揭穿就越加努力，但这样的努力会使当事人压力更大。所以，可以尝试换一种角度思考。获得成绩，运气或许是部分原因，但更重要的是因为自己的努力、聪颖。

其次，尝试和自己谈话。在每次谴责、质问自己的同时，努力学着留出一定空间来接纳另外一个自己，尝试和自己谈话，肯定自己，鼓励自己。也可以找亲朋好友倾诉，获得积极正面的肯定。

最后，做一份成功清单。记录自己平时的收获和点滴成功。就像小A，一次成绩好可能是偶然，但是大学期间一直名列前茅，这可不是仅靠运气就能获得的，所以小A可以把每次的成功经验记录下来，不断获取成功的体验，强化自我认知。

和YiDu交流后，我把这些情况转述给了小A，小A说会试试这些方法。末了，他说："老师，平时同学们都说我装，明明是学霸，还说自己不是。"我说，老师会告诉他们，让他们也知道"冒名顶替综合征"。

所以，如果你觉得某学霸过于谦虚时，他可能真的不是装，他只是得了冒名顶替综合征。

又有三名学生通宵了

　　有个学生找我拿些材料，我发现他整个人都迷迷糊糊的，就问他怎么了，他说昨晚通宵看书了。晚上开党建会，又有两个学生游离得厉害，一问，不出所料，又是通宵了。我忍不住发了一个微信朋友圈，提醒大家不要熬夜，结果留言有好多是"通宵＋1"。

　　经过和几个同学的交流，我发现真正通宵的还是比较少，大多数都是晚睡，即熬夜，凌晨两三点才睡觉是非常普遍的。

　　那么，熬夜的原因有哪些呢？了解下来不外乎以下三个：

　　第一，搞科研、做实验。

　　我发现对于理工科的学生来说，熬夜搞科研、通宵做实验是常有的事情。例如，有些物理实验室，为了平衡各位研究者的科研安排，每个人都安排一定的机时。有些实验者为了安全并且不浪费自己的机时或影响别人的测量，就选择在晚上做实验。这种熬夜的主体是硕士研究生和博士研究生。

　　第二，补学习。

　　这里你可能会问：作业有这么多吗？压力有这么大吗？非要熬夜

做？我想下面这位同学的答案可能道出了缘由。

娘亲： 起床了吗？娘亲想了解下：你最近两天为什么通宵？是必须通宵吗？你怎么看待身体这件事？

某学生： 最近忙着社团活动，觉得自己落下了太多课程，赶不上"大佬"的步伐，那必然是要用休息时间来弥补的。倒不见得一定要通宵，而且我也不能算完全通宵吧，并没有"刷夜"。我也不是非要这么努力，只是旁边的人都这样拼命，感觉颓废的自己很让人讨厌。身体我觉得很重要，但是没有获得好成绩、获得大家的认可重要吧。

你看，这位"现身说法"的同学连"刷夜"这么流行的名词都说出来了，可她熬夜更多的是一种心理安慰，主要是前期学习落下了，就靠熬夜临时抱佛脚来弥补。熬夜效率高吗？不见得，但是心理得到了安慰。

第三，贪玩。

有一些贪玩的学生经常熬夜玩游戏，熬夜刷剧，熬夜聊天，久而久之，养成了不到凌晨一二点不愿入睡、不能入睡的习惯，也养成了不刷手机、不夜聊就心中不自在的坏习惯……其实我自己就是熬夜刷手机一族。小孩每晚大概 10 点入睡，我就等着他睡着后做点自己的事，不过经常就是"刷微博""刷微信"，根本停不下来，不知不觉就过 12 点了。

关于熬夜的话题有很多规劝的话术可以说：比如努力在平时，别靠临时抱佛脚；时间要好好规划，学会合理安排；办法总比困难多……

但是娘亲更想说的是最基础，或许也是大家最容易忽略的一点，那就是"身体健康"。大家已经听过很多熬夜的危害，但是我们真正认可吗？有科研依据吗？我拜托上海交大医学院的小江博士帮忙查找有关"熬夜危害"的科学资料。

不出所料，网上相关的科研资料不胜枚举，文章太多，没办法全部看了再总结，小江博士选取了以下内容供大家参考：

睡眠剥夺是没有足够睡眠的状态，它可以是慢性的或急性的。尽管有些研究显示睡眠剥夺可以使个人状态提升，但慢性睡眠限制状态可导致疲劳、白天嗜睡、笨拙、体重减轻或增加，并且对大脑和认知功能都有不利的影响。在动物实验中甚至观察到，长期的完全睡眠剥夺可以导致实验动物死亡。

长期的睡眠不足对身体有许多不利的影响，可能引起各器官系统的一些变化，其中最重要的就是对神经和内分泌系统的影响。睡眠剥夺对大脑和认知功能会产生不利影响。

熬夜真的非常损害身体健康。虽岁月催人老，可此夜不能熬。所以，关注身体，从今天开始，切莫来日后悔。

我就是见不得别人比我好

有位同学和我说，期末考试成绩出来了，自己考得还行，但是却很憋屈。我问他为什么。他说自己就见不得同学比他好。更进一步地讲，如果有同学的成绩比他好，他就会非常"嫉妒"。

嫉妒，是人性中难以磨灭的特性。谁的心里没有那么点小九九呢？然而有人因嫉妒而奋发图强，也有人用嫉妒给自己织就了一个牢不可破的茧，故步自封，刚愎自用，在心理上把自己逼入深渊。

嫉妒有时候来自一定程度上的不安全感。人们永远只会嫉妒和自己一个水平但又看上去比自己稍微好一点的人。你不会见不得贝克汉姆比你帅，不会见不得马云比你有钱，不会见不得爱因斯坦比你聪明。人们对于比自己强很多的偶像永远只会崇拜、敬仰，而非嫉妒。

那么，你为什么会见不得同一个班的小王比你多考几分呢？首先，他是你的同学，经过高考的检验，你们来到了同一环境。这个同一环境，就保证了你和他的水平基本一致。同时，也正是因为这同一个环境，你们共享了很多资源，你心里产生了极大的不安全感，总怕他比你多出来的一点点优秀，会夺去很多原本可以属于你的东西。你心里其实很脆弱，你很怕自己的价值得不到肯定，怕被他人取代。人喜欢自己与众不同，喜欢自己优秀，因为只有处于高端才能有一种不会被伤害到的安全感。

但是中国有句古话说得好："桃李莫相妒，天姿元不同。"有胜有败，有欢笑、有泪水才是凡人的生活。为什么要让嫉妒把自己时刻绷得像弓弦一样紧呢？为什么要让嫉妒把自己弄得不高兴呢？学会"武装"自己，把自己的内心变得更强大，不要让别人决定你的人生走向和生活节奏。我们不必做得比别人好，和别人的对比永远是无止境的，我们要做更好的自己，努力让自己满意，做那个自己心中想成为的人。

高校陪读家长——一个特殊的群体

早上七点前，小勇爸爸已经从租住的旅馆出门，径直来到学校。他和儿子约好每天早上七点在食堂见面。简单的早餐后，他会和小勇确定当天的课程学习安排，监督他上课和按时作息，培养他的学习生活习惯。

隔壁小区，小天还在睡觉，小天的妈妈已经起床烧好了早饭。三个月前，他们在学校附近小区租了一套房子，两室一厅，每个月租金4500元。吃完早饭后，小天就要去图书馆看书学习。

在学校附近的宾馆和小区里，租住着这样一群特殊的家长们，他们远离家乡，放弃了自己的工作和生活，陪伴孩子上大学，希望和孩子一起度过"最艰难"的这段时间。

时至今日，小勇爸爸还记得2015年1月的那个电话。电话那边的辅导员告诉他，正在读大一的小勇期末考试没去考，他的心一下子就慌了。小勇的中小学成绩都很好，高考时以优异的成绩考上了上海交大，一直是家族的骄傲。小勇爸爸从来没想过，小勇上大学后会不好好学习，更没想过大学还会因为学习成绩不好而被"退警"甚至退学。

　　小勇的老家在四川，寒假里爸爸和他聊了很久。也就在这个时候，爸爸才知道小勇大一上半学年都没有好好学习，虽然去上课了，但是心思一直没在学习上。玩游戏，看小说，远离爸爸的小勇开始了"自由"生活。不出所料，小勇拿到了大学的第一张退学警告，这就像足球比赛场上的黄牌，再拿一张，小勇就要告别大学，红牌下场了。

　　小勇爸爸一直在分析问题出在哪里，他觉得家长有很大原因。上大学前对孩子照顾得太"周到"了，孩子只要学习好，其他都不用管。如今孩子一个人到了大学，不知道换什么衣服、吃什么饭菜，几乎所有的小事都做不好，最终导致了心理崩溃。小勇爸爸现在想想很后悔，觉得应该多在心理上关心孩子。孩子进入大学后，也要尽量多跟孩子沟通，尤其是刚入学的第一年。

　　大一下学期，小勇爸爸几乎每周来一次上海，但小勇的情况时好时坏，成绩仍然没有长进。后来，小勇爸爸下决心来陪读。把自己的工作安排好后，5 月初他来学校进行了三个月的陪读。就这样，小勇艰难地度过了大二。大三下半年，情况又变糟糕了。这一次，父亲横下心放弃了自己的工作，进行全职陪读。现在，小勇爸爸每天和小勇见面四次：早上七点在学校食堂见面，然后就是中午下课后、下午五点半和晚上锻炼时间各见一次。小勇爸爸说，现在对他而言最重要的就是孩子，孩子如果被退学这辈子就毁了，自己的事业都是其次的。

相较于小勇的各门不及格，小天进大学后成绩一直非常优异。两年前，他通过自主招生高分进入了大学，在卧虎藏龙的大学里，成绩都一直名列前茅。不出意外，按照曾经的规划，再过几个月他会以优异的成绩进入大四，然后准备申请国外顶级名校。

但是，现在的他正在休学中。小天是这个学期休学的。一般情况，休学的同学会选择回老家，但是小天觉得在家里更焦虑，在学校还能学习、看书，不至于和校园生活脱轨。母亲本来就没有工作，于是特地来到上海陪读。烧饭，洗衣服，打扫卫生……来到上海后，母亲的生活重心就是照顾孩子。

时光倒退到大二上学期，那时小天整个人突然就崩溃了，觉得自己的脑子坏掉了，信心崩塌，极度疲劳，无法思考，生不如死。刚开始时小天还想挺过这几天就好了，但是这种状态一直持续了两个月，他终于忍不住给母亲打了电话。妈妈知道后很担心，虽然不理解，但还是第一时间跑到上海带小天去了精神卫生中心，医生诊断为强迫症加抑郁症。

之后，小天开始吃药、看病，虽然和其他同学并无两样，但是他每天的内心都是"翻腾"的。他不敢告诉老师和同学，他总是有病耻感，怕被别人当作异类。小天的家族中并没有人患过抑郁症，家里条件也很好，到现在他都没想明白为什么自己会得这个病。

现在回想起来，小天觉得其实高中时期自己就已经有强迫症倾向了。在重点高中就读的他，对自己的要求很高，开始习惯抠细节，总以完美主义要求自己。到了大学，总觉得自己学不好。小天父亲的性格比较强势，直到现在还觉得孩子是因为矫情，抗挫折能力太弱。小天母亲说，对于未来，他们不敢想太多，现在就想着孩子能够健健康康的就好。

小天患病后加入了一些互助小组，他们共同的经验就是："发现有问题尽早寻求专业帮助，不要一味自己解决。可以找辅导员、班主任交流，去学校心理咨询中心咨询，去医院看病，不能逃避。"

小勇爸爸说，他住的旅馆有好几个类似的家长，平时大家有照面，但是也不好意思交流，毕竟孩子成绩不好不是一件光彩的事。老家的亲友也不知道小勇的事，他希望自己的陪伴能够让孩子平稳过渡。

但是，有人过来咨询经验时，他会反复强调："进大学后要尽量多跟孩子沟通，大一最重要。一定要从小培养孩子的自主能力，这样孩子才能尽早适应大学的学习生活。"

晚上 10 点，小勇爸爸和小勇交流完当天的学习后，他又开始了校园散步。夜晚的交大校园宁静美丽，天空星星点点，小勇爸爸觉得如果没有"退警"，现在的他会享受这些美景的，但是现在他心里一直压着一块石头，希望孩子能够顺利度过这段最艰难的时光。

也许很多人在看到这篇文章之前并不知道原来大学生也有家长陪读，也不知道如今的青年会遇到这么多的心理问题，而且绝不是"自制力差""最近心情不佳而已"可以简单解释的。这是一个系统性的问题，涉及生活问题和心理问题，最终会体现在学习上。我们不能再有"身体才会生病，心理不会生病"的认知，同时要正常、平常地看待这些遭遇心理问题的人，他们不是异类，他们只是生病了而已，和我们的身体会出现问题一样。

对于遇到心理问题困扰的同学们，也请主动寻求帮助，告知父母老师，去医院检查。你只是生病了而已，不必感到自卑，也不必苛责自己。对于家长和老师们，需要做的就是多交流，相互探讨、相互学习有效地陪伴孩子的方法，勇敢面对并携手帮助孩子回归正常的校园生活。

如何缓解拖延症？

关于拖延症，我们谈论过很多次。拖延可以说是天性，人人都有。那么，美国高校的心理咨询专家是怎么和学生进行有关拖延问题的交流的呢？他们有什么独特的时间管理方法吗？

在美国加州大学伯克利分校访学期间，就这个问题，我请教了两位心理学家，Cynthia Medina 和 Jeanette Bergfield。

Cynthia 是加州大学伯克利分校的高级咨询师，2007 年从加州大学欧文分校获得认知心理学和社会学荣誉博士双学位，于 2013 年从俄勒冈大学获得咨询心理学博士学位，有多年为大学生提供心理咨询服务的经验。

Jeanette 是伯克利分校的博士后，于 2016 年从加州旧金山职业心理学院获得心理学博士，同年于旧金山大学心理咨询中心完成美国心理学会（APA）认证的博士实习。

换一个视角来看拖延症

讲起拖延症，你首先想到的是什么？懒惰？然后进一步自责、抱怨、内疚？互联网上有个段子，讲的是当下最流行的三大病症：拖延症、强迫症、选择困难症，直白点说就是懒、贱、穷。很多时候我们直接将拖延症和懒联系在一起，无形中给拖延下了一个负面的评价。

Cynthia 建议换一个角度来看，拖延症有"懒"的原因，但更是"完美主义"。正因为有所期待，想高标准地完成任务，所以总想等条件成熟了再行动。也正因为对自己的高要求，所以害怕犯错、害怕失误，进而为了逃避失败，选择拖拉和不作为。

所以，对待拖延症，不要过多苛求，学会接纳和包容。正如 Tal Ben-Shahar 在哈佛大学幸福公开课上说的："完美主义是一种对失败的失能性的恐惧。"意即害怕失败而徘徊不前，尤其是对自己在意的事情，会保持某种执着的态度。

所以，换一个视角来看待拖延症，事实上，拖延并不是一个负面词语（我们在"拖延"后面加上"症"，潜意识就是否认它的正面性，因为习惯用语，所以本文还是用拖延症）。不要总想着战胜、克服拖延症，学会和拖延共处，学会接纳全部的自己，这是第一步。

如何缓解拖延症？

Cynthia 和 Jeanette 经常给学生的建议有三点：

第一，降低期望。

拿到一个任务后，不要苛求 100 分，尝试着给自己定一个合理的目标，有时候 90 分也很好，80 分也不错。降低期望并不代表不努力、不上进，而是一种"过程尽力而为，结果顺其自然"的豁达。所谓"以退为进"，有时候降低一些期望值，可能会走得更远！

第二，细分任务。

把大目标细分成一个个小目标。例如，导师要求你一个月"啃"完一本佶屈聱牙的专业图书，你就可以做一个细分规划，30 天中留出 5 天的机动和休息时间，剩下 25 天每天看 20 页，积少成多，从完成小目标的过程中积累成就感。

第三，寻求支持。

亲友、老师、同学都是很好的支持对象，有任务和目标，又不想马上着手，要学会和旁人交流，可以拜托他们督促自己，获取鼓励和帮助。

心理学家推荐的两种时间管理方法

Cynthia 和 Jeanette 跟我分享了经常给伯克利分校学生推荐的两种时间管理方法。

第一种，四象限法则

时间"四象限法则"是美国著名的管理学大师 Stephen Covey 提出的一个时间管理理论。该理论认为，把工作按照重要和紧急两个不同的维度进行划分，基本上可以分为以下四个"象限"。

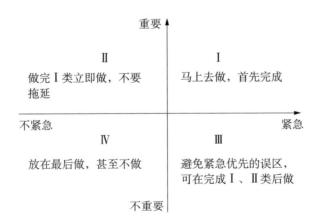

处理顺序如下：先是既紧急又重要的，接着是重要但不紧急的，再到紧急但不重要的，最后才是既不紧急也不重要的。学会列出事情的清单，然后对于每件事情结合重要性和紧急性判断优先级，将注意力放在"重要且紧急""重要但不紧急"两个象限上。

第二种，番茄工作法（Pomodoro Technique）

番茄工作法是意大利人 Francesco Cirillo 于 1992 年提出的微观时间管理方法。Cirillo 在大学生活的头几年，一度苦于学习效率低下，于是给自己定目标必须持续学习 10 分钟，后来找到了一枚形状像西红柿的厨房定时器，帮助自我进行时间管理。

"番茄工作法"，简而言之，是根据人的注意时间有限的原理，选择一个待完成的任务，将番茄时间设为 25 分钟，专注工作，不要做任何与番茄钟无关的事情，直到番茄钟响起。对于这个工作方法，国内有本书《番茄工作法图解：简单易行的时间管理方法》，讲解得很详细，有兴趣的同学可以找来阅读。

最后，让我们回顾一下拖延症的英语单词——Procrastination，本意指的是"非必要、后果有害的推迟行为"，并没有症状的意思。其实，只有当"拖延"已经影响到情绪，如出现强烈自责情绪、强烈负罪感，不断地自我否定、自我贬低，伴生出焦虑症、抑郁症、强迫症等心理疾病时，才能称为"拖延症"。或许，把"拖延症"换成"拖延癖"是不是更好一些？

我 emo 了，怎么办？

临近期末考试季、岁末年关，很多同学压力都很大。

对于本科生：赶不完的 DDL（最后期限）作业；背不完的考试内容；有可能还要半个月"突击"一个学期的课堂内容……

对于研究生：还没有着落的论文投稿；一年来又"一事无成"；年底要面临亲友的各种灵魂拷问……

所以，大家的压力都很大。用现在流行的网络词汇，就是又 emo（"丧""忧郁"等含义）了。

这几天，逛交大水源论坛时，也看到了同学类似的提问：

来问问大家怎么缓解焦虑的，我的情况就是压力非常大的时候会胡思乱想，想各种奇奇怪怪的东西，想问问大家有什么好的办法缓解焦虑？

论坛网友们回复了各种办法。

● 做转移注意力的事，比如玩玩电子游戏机。

● 可以试试冥想，"潮汐"App里有一些缓解焦虑主题的冥想，可以去尝试一下。

● 冥想，洗个热水澡，把自己弄得暖洋洋的。

● 喝啤酒，吃烧烤，看表演。

看着同学们的回复，确实有点被暖到。因为娘亲本人也特别容易焦虑，关于这个话题的文章也写过几篇。

我是那种一遇到事情就会"失眠"的，所以有时候会被焦虑弄得很崩溃，特别焦虑的是攻读博士学位那几年，心悸、胸闷，靠着药物才能入眠。更夸张的是一听到"论文"两个字就紧张不已，有段时间都想放弃读博了。

现在想想，怎么缓解焦虑，我觉得上面水源论坛讲的还是很有道理，以下是我个人的经验之谈。

一是调整心态，转变思维方式。

美国社会心理学家 Leon Festinger 有一个很出名的行为理论，被人们称为"费斯廷格法则"。他的含义是"生活中的 10％是由发生在你身上的事情组成的，而另外的 90％则是由你对所发生的事情如何反应决定的"，讲的就是这个道理。

所以，对于同样一件焦虑的事情的定性或者思维方式很重要。没必要把一件鸡毛蒜皮的小事看得像天要塌下来一样严重。大事化小，小事化了，也不是毫无道理。

二是采取实际行动，用行动阻断焦虑思维。

陷入焦虑情绪时，很多时候就是不想行动，只是越想越焦虑，事实上这个时候，最好的办法就是直面焦虑。

娘亲曾经因为论文焦虑，后来就强迫自己面对，每天不管怎样，一定要写点东西，写得少没事，但是要找感觉，不能放弃。后来积少成多，慢慢地就走出来了，虽然整个过程还是很艰难的。

三是美食和锻炼，缺一不可。

甜食有利于刺激令人心情愉悦的多巴胺分泌，体育锻炼有利于帮助我们消耗多余的能量。与其一直待在寝室焦虑，不如给自己一些快乐的理由。心情舒畅了，效率自然就提高了。

说到底，焦虑算是一种心理上的反应。你或许可以问一下自己：焦虑时是已有躯体症状？还是只是失眠、心悸等？

如果没有躯体症状，还是可以自我调节的。多给自己一些积极的心理暗示，给自己一些放空的机会。如果情况比较严重，建议去医院进行治疗。

这里推荐上海市徐汇区宛平南路 600 号的精神卫生中心，那里有很多专业的医生，可以听听医生的建议，必要时进行药物干预治疗。

好好活着就用尽了全部力气

最近，在和朋友们聚会的过程中，大家谈到的一个话题令我印象深刻，久久不能忘却。一个朋友说："感觉一直都是压力，读书的压力、工作的压力……感觉别人都很优秀，就自己一无是处。"

家长、老师以及社会在激励同学们前进的时候，往往会忽略更重要的问题，那就是心理健康。

是啊，社会的快速发展、长辈给予的期待、自己奋斗的压力，让越来越多的年轻人患上了"心理疾病"。

所以，今天这一篇文章，我们不谈努力，不谈学习，不谈成绩，和同学们再谈谈抑郁症。

"早上计划满满，晚上就想立遗嘱。"北京大学心理学博士李松蔚曾表示，"大学生抑郁症发病率逐年攀升"。

相关资料显示，目前世界范围内预计有超过 3 亿人饱受抑郁症的困扰，全球发病率在 4.4% 左右。在中国，抑郁症终身患病率为 6.9%，12 个月患病率为 3.6%。根据这个数据估算，到目前为止，中国有超过 9 500 名抑郁症患者。中国青年报也在微博上发起针对大学生抑郁症的调查，在超过 30 万人次的投票中，超两成大学生认为自己存在严重的抑郁倾向。

这一个个触目惊心的数字背后反映出的问题看似离我们很遥远，实则就在我们身边。

而这些心理问题的产生大多源于自我要求过高、旁人给予过度期待以及达不到目标的悲观情绪。

一方面是成长环境的影响，使一些人形成了过低的自我评价，总是觉得自己不够好。

另一方面是学业、工作等方面的压力，使得"不够好"的想法更加根深蒂固。

我们尤其需要关注大学生抑郁症发病率逐年攀升这个问题。其中，大学一年级和大学三年级是抑郁症的高发期。大一的学生要从依赖阶段走向独立阶段，探索自己要走向何方，可能会迷茫、会困惑。大三也要面对人生的重要抉择，有的学生可能后悔自己专业选得不对，或者担心以后的读研和工作，焦虑变多，自我怀疑也更多。

有个抑郁症患者这样描述他的状况："就像陷入了一个黑洞，那里面强大的引力在不停地把我往里吸，我挣扎着，眼前却总是一片黑暗。"

关于抑郁症，人们对它有很多误解。

"至于吗？积极乐观一点不就好了！"

"别想那么多就没事了，想得太多才会这样。"

"有那么严重吗，谁还没点悲观情绪了。"

类似这样的评论在网上数不胜数。

抑郁症是一种病，是一种不良情绪，不是性格问题，也不是矫情。抑郁症与性格是否软弱没有必然联系，就跟感冒等疾病一样，抑郁症是一场"心理感冒"。

很多患有抑郁症状的人自觉"脑子好像是生了锈的机器""脑子像涂了一层糨糊一样"。轻者心境低落，抑郁悲观，闷闷不乐，无愉快感，兴趣减退；重者痛不欲生，悲观绝望，度日如年。消极悲观的思想及自责自罪、缺乏自信心甚至会让人萌发绝望的念头。有人会认为结束自己的生命是"一种解脱"，认为自己活在世上是"多余的人"，将自杀企图发展成自杀行为。

希望大家可以对周围的人多一份关爱，对身边的人多一份关心，少一些苛责。

　　如果你正在经历最艰难的时刻，希望你可以通过宣泄、转移、充实日常生活等方式，从改变自己的生活状态开始，将内心不良的情绪感受表达出来。减轻不良情绪的反应强度，缩短不良情绪的体验时间，记得朋友、老师、同学都在你这边，学会寻求帮助。如果这还不够，请一定要寻求心理老师的帮助，心理老师会帮助你调整认知，必要的时候可能还需要服用药物治疗。

　　无论怎样，都请一如既往地努力、勇敢、充满希望，要相信人生总会有不期而遇的温暖和生生不息的希望。我知道很难，但是请别放弃！

第 *5* 部分

理想信念篇

什么是所谓的 "前途"？

请快乐平安

期末考试前夕，接到学生小 Z 的电话，他惊慌失措地说："娘亲，我可能要休学了……"我问："怎么了？"原来小 Z 在寝室突然感到不适，被同学送到第五人民医院后，医生诊断为气胸，病情非常严重，医生建议他转院手术，可能需要休学治疗。

说实话，我特别害怕接到这样的电话，怕学生生病，怕面对他们远在家乡焦急的父母。我让学生别着急，和他的班主任一起帮助他转诊到了第六人民医院，他的母亲第二天也赶到了医院。幸好之后的治疗很顺利，医生给小 Z 做了胸腔穿刺后，病情暂时稳定，可以提前出院参加期末考试。

医生和小 Z 说诱发气胸的因素很多，剧烈运动、咳嗽、举重运动、熬夜等都可能是诱因，希望他之后能注意身体，有问题随时回诊。小 Z 住院时，一些学生和我私信，当中的小 C 和小 Z 是同班同学，他说小 Z 的事情对他的触动很大。小 C 是班干部，工作非常认真负责，从开学到现在就没有"消停"过，一个学期都在忙前忙后。小 C 说，他以后一定要好好爱护自己，照顾别人的前提是一定得先照顾好自己。

是的，照顾好别人的前提是先照顾好自己。否则，自己身体承受着伤病，跟着担惊受怕、操心受累的都是爱我们的人。

2012 年刚工作那会儿，我也经历过一段特别煎熬的日子。那时刚留校工作，没有经验，需要投入特别多的时间，一家人又四处分离。小熊爸在浙江的 A 市上班，小熊在浙江的 B 市由外婆照顾，两地之间的车程都超过 5 小时。每到周末我就特别想念家人，觉得压力很大，自己也很疲惫，有几周天天失眠，魂不守舍，甚至想辞职结束这种奔波的日子。

一位年长的老师和我谈心，他说："要学会对自己好一些，身体才是最重要的，没有健康，又谈何生活、工作呢？"是啊，"身体是革命的本钱"，这句话从小听到大，但是没生病的时候，我们常常忽略了这个朝夕相处的朋友——健康的身体。

我尝试着将自己的脚步慢下来，调整自己的状态，并努力挤出时间去锻炼身体。之后母亲为了我带着小熊来到上海，小熊爸也放弃了当地的工作来上海谋职。

是的，没有什么比一家人团聚、健康快乐更重要。

多年前，交大有位校友于娟经历着和家人的生死离别。1996 年，来自山东济宁的于娟考入上海交大本科工业外贸专业，在这里邂逅了她后来的丈夫。2008 年，于娟博士毕业后在复旦大学任教，宝宝小土豆出生。不幸的是，一家三口的幸福生活才刚刚开始，2009 年底于娟就被确诊患上乳腺癌。在与病魔抗争的日子里，她开始在博客上写病中日记，反思生活的细节：不合理的饮食，疯狂地熬夜，临时抱佛脚突击作业……2011 年 4 月，于娟辞世后留下 70 多篇"生命日记"。

我们不知道这些不良习惯是不是导致生病的间接原因，但这些

"坏"习惯无疑都会降低身体的免疫力，增加发病的概率。于娟的事例我们感同身受，但是大多数的我们一边感慨着于娟的不幸，一边又重复着跟过去的于娟同样的生活。最近一项有关大学生身体素质的调查显示：近七成的大学生经常熬夜；近六成的大学生期末会疯狂突击；绝大部分大学生处于亚健康状态，缺少锻炼……现在的我们，或许胸中有很多抱负，心中有无限激情，我们可以很努力、很奋进，但是不管怎样的梦想与生活，只有身体健康才能去实现。因此，我们首先要多关心善待自己的身体。

小 Z 说："医生不能断定气胸是不是由熬夜引起的，但是他以后一定会努力改善自己的作息习惯，努力把自己照顾好。"

将来的你，一定会感谢现在这么努力的自己；将来的你，也一定会更加感谢现在珍重身体的自己。

你好，请努力！你好，更请珍重！

刚好比你"惨"一点

小 D 坐在椅子上，有点腼腆地问："娘亲，我可以讲了吗?"我说"好的"。小 D 来自一个小镇，到大城市来上学，觉得很自卑，尤其是看到室友在讨论一些新潮的名词时，总是不敢融入其中，怕被嘲笑。"娘亲，您应该是城市出来的，不会明白吧?""哈，我是土生土长的农村人，按照你的逻辑，是不是刚好比你'惨'一点?"

小 G 的妈妈身体不好，一直在吃药，父亲是个下岗工人，妹妹还在上学，家里的经济很困难，他一到大学就申请了家庭经济困难补助。他和我说自己为什么这么惨呢，他特别怕被同学发现自己是个贫困生，怕被别人非议。看着小 G，我忍不住笑了，我说："娘亲读大学的时候，爸爸瘫痪在床，妈妈要照顾他，还有一个同样上大学的弟弟。哈，刚好比你'惨'一点啊。"

小 C 一见到我，还没开口说话，就抑制不住地号啕大哭，她情绪缓和之后开始讲起了自己的经历。在刚刚过去的寒假，小 C 的父母偷偷办理了离婚手续，父亲和一个小姑娘结婚了。小 C 问我："娘亲，爸爸以前很爱我的。他怎么可以这样对我和妈妈? 爸爸不要我了，你知道那种被人抛弃的感觉吗？""娘亲的父母没有离婚，但是父亲几年前去世了。我不知道算不算被抛弃。""娘亲，对不起。""没事。是不是刚好比你'惨'一点？"

小D、小G、小C都有点惊奇："娘亲，原来您比我们还'惨'啊，真的没看出来呢。"我说："是的，不只你们，身边的很多人还不知道呢。"他们问："娘亲，你抱怨过吗？"说没有抱怨过是假的，我埋怨过、难过过，也曾经多次流泪过。记得有一次压力实在太大，在操场上号啕大哭。但是，抱怨有用吗？

关于家乡。我的老家虽然在浙江，但是我们丽水并不那么出名，曾一度被称为"浙江版的西藏"。记得高中时去宁波上学，那边同学问起来，几乎都不知道这个地方。但是我却一直为家乡感到自豪，因为那里的风景和空气特别好。浙江绿谷，秀山丽水。尤其是我到上海来之后，每次回家都有一种"度假"的感觉。我常和朋友调侃我家的乡间大宅、天然氧吧。

关于贫困。作为一名曾经的家庭经济困难学生，小G的困惑我感同身受。我们虽然不能改变家庭，但是我们能改变自己。大学四年期间，我读书非常努力，每年都拿一等奖学金，毕业后以专业前茅的成绩被推荐免试到交大读研。那时候凡是有空，

我都在做兼职。大学毕业后的那个暑假，我整整两个月都在做家教。这些经历让我认识了很多朋友，也收获了很多。

关于家庭。托尔斯泰说过："幸福的家庭都是相似的，不幸的家庭各有各的不幸。"家家有本难念的经。父亲 2010 年去世后，我一直觉得特别孤独。都说女儿是父亲的小棉袄，但是我却没有"温暖"过父亲。我毕业、结婚、生小孩，人生的许多重要阶段都缺失了父亲。但是，也是这些经历让我更加珍惜现在，珍惜家人，珍惜拥有。

上周和研究生时期的一位老师吃饭，说起读研时的经历，那时爸爸从住院到病情恶化直至去世，真的很艰难。那位老师睁大眼吃惊地说："我看着你每天笑呵呵、大大咧咧的，还一直以为你是'富二代'呢！""富二代？"说实话，我忍不住大笑，第一次有人说我像"富二代"。我笑着笑着，突然有点想流泪。

在父亲生病那几年，母亲跟我说："人生就是这样充满着未知，但是笑着也是过，不笑也是过，为什么不高兴点呢？你每天都看着别人笑呵呵很开心，却不知道他也有自己的故事。"谁都想自己的人生一帆风顺，谁也不想过得比别人"惨"，但是生活就是这样，不可能一马平川。

法国思想家、文学家 Romain Rolland 曾经说过："世界上只有一种真正的英雄主义，就是认清了生活的真相后还依然热爱它。"生活的本质很难认识，但是我们都可以笑对生活。你说，是吗？

什么是所谓的"前途"?

和母亲打电话聊天，她讲起老家我的一个小伙伴小丹开了一家面包房，生意特别好。母亲讲完后突然感叹了一句："你读那么多年书，读书读书，越读越'输'啊，人家一个月赚的比你一年还多。"这句感叹，我并不陌生。刚工作那会儿回老家，老乡问的第一句话肯定是"在哪里工作"，之后他们就会问"一年赚多少钱"。

"在哪里?""上海。"

"做什么?""做老师。"

"赚多少?""不多。"

……

对话常常如此无疾而终。

从小到大，我都是属于那种成绩还不错，在学习方面基本让父母很省心，在学校的家长会上也常常是被表扬的对象，但是毕业工作以后，一切似乎变了样儿。去年暑假，回老家和几位同学聚餐，大家谈得最多的是换了什么车，用的什么包，买了什么表。当年的"学渣"小东现在已经换了三辆车，而我这个曾经的"学霸"班长还骑着自行车，夏天怕晒，冬天怕风。

如果所谓的"前途"就是"钱途"的话，那我就是一个失败者，没有所谓的好包，所谓的好车，也没有宽敞的大别墅，但我从来没觉得有什么不对。每个人都有自己的人生选择，每个人都可以自由追求自己想要的生活，而我很满足于现在的工作，与学生相处让我感觉很温暖，陪着学生成长让我很满足。

打心里说，我是很佩服小丹和小东的。小丹，从小就特别聪明漂亮，只是不爱读书，中专毕业后开过淘宝首饰店，开过服装店，最后也在企业谋得一份稳定工作。但是她还是不甘心，宝宝出生三个月就辞职创业，现在又成功创建了美味创意蛋糕房。小东，初中没毕业就去"混社会"了，最开始做生意时家里帮了一些忙，之后全是靠自己打拼。有一次，一个风险投资项目需要投入 100 余万，别人都不敢投，小东咬咬牙就投了。

其实，像小丹和小东这样的人有很多，但是又有多少人能够真正地创业成功呢？我们在羡慕他们月薪超过我们年薪的时候又是否想过他们承受过的压力？很多时候，我们徘徊、忧郁、矛盾，是因为我们只看到了别人的好而忽略了他们的努力与艰辛；是因为我们盲目地对比，只关注结果而忽视了过程，甚至失去了判断的理智与本心的淡然。如果真的仔细想想，别人经历的艰辛是自己愿意承受、可以承受的吗？别人的生活是自己想要的吗？

昨天晚上，我发了一条微信朋友圈："如果当初没有留校，选择了研究生就读的影视专业的话，是不是现在也在某个剧组呢？"一位朋友留言问我："有没有后悔当初的选择？"我和她说，人生不能重来，无所谓后不后悔。

短短的几行文字，肯定说不清、道不明芸芸众生的"前途"。在我看来，所谓"前途"，就是在漫漫人生路上努力地过自己想过的生活，努力地成为自己想成为的人。

对的，你可以选择拒绝和放弃

　　最近有一个类似小组展示比赛的活动，娘亲在和负责的两位同学联系时，两人都表示没时间参与。进一步了解，这两位同学近期都被各种课程作业和 PRP 项目（Participation in Research Program，即本科生研究计划）折磨得筋疲力尽，所以没时间再参与其他的项目。

　　作为老师，虽然得到了"拒绝"的答复，但我没有丝毫的玻璃心，反而为同学们繁重的课程而心疼，同时也因他们的敢于"拒绝"而感到欣慰。

　　找两位同学交流后，知道这是他们经过一段时间的考虑，经过自己的衡量才做出的决定。他们知道什么是自己更想要的，或者更重要的。

　　回想我自己曾经的学生时代，好像很少拒绝老师的要求。一是胆子小怕老师，二是不知道自己真正想要什么。所以，看到现在的学生越来越多地学会说"不"，心中反而是羡慕和开心。

　　如果说拒绝是一种选择的话，那么放弃可能就是一种勇气。

　　2017 年，娘亲公众号曾经发布过小夏的文章。小夏是娘亲作为招生老师招进学校的。当时的她放弃港大和新加坡国立大学，来到我们上海交大读书，进入了交大的一个热门专业。

　　当得知她的毕业去向是找工作时，我感到有点诧异。因为在"内卷"盛行的当下，很多同学都奔着保研而去。甚至在一些人眼中，排名前 30％能够保研的同学就是"人上人"，而其他人的大学生涯就不是那么成功。

　　和小夏进一步交流后我才得知，她在大三时就已经想清楚了，自己毕业后就要参加工作，并且从事风险投资行业。

　　所以，她就没有再过多地关注其他方面的选择，因为她的所有目标都朝着工作方向。当然，她在确定目标后，并没有放弃学习，而是继续提升自己。她的成绩最终是可以保研的，但是她没有像大多数同学一样选择直升，而是选择了她心中真正想要的。

娘亲所指的拒绝和放弃并不是盲目的决定，而是深思熟虑的结果。

例如，在这段时间的转专业大潮中，有一些同学的选择是经过慎重考虑的，但是其中不乏选择逃避和跟随潮流的。

如果仅仅是因为对现修专业的课程学习产生了恐惧，就随意转到另外一个不甚了解的专业；如果仅仅因为现在所修的专业不热门，就随意转到一个所谓的"最火"专业；那么，这些放弃就略显草率。

将来还有找工作，找对象……

漫长人生的每一个拒绝和放弃，都不能因为随大流而人云亦云。

写到这儿，我不禁想到今天中午一个交大的同事跟我的对话。他说他可能过段时间就会选择离开交大。说实话，身边一般很少有同事会选择离开，因为相对而言，学校工作算是"铁饭碗"。

这位同事虽然是 90 后，但已经过了而立之年。他说，自己之前一直很喜欢交大的氛围，现在打过卡了，感受过了，就可以了。后面，他还有更多的事情想做。世界那么大，他说，他想去看看。

你的问题在于想得太多，做得太少

这些天，娘亲咖啡屋又迎来了一些用烦恼换咖啡的同学，当中有位小源同学给我留下了十分深刻的印象。

小源是一名大一的学生，他给我讲了很多自己的困惑。例如，小源想读研，但是不知道以后要从事什么类型的职业，不知道 7 年后怎么找工作。小源说他很迷茫，甚至有些焦虑，不知道该怎么办。

听到他的这些问题，我觉得有些诧异。因为小源担心的都是很遥远的问题，他的焦虑也都来自对未知的恐惧。

我问他："既然觉得焦虑，那你为此做出过什么努力吗？"

小源说："没有，感觉每天压力很大，对未来也很没有把握。"

我说："小源，其实你焦虑的根源不是对将来的未知，而是你想得太多，做得太少。"

听到这里，小源舒缓了眉头，轻轻地点了点头。

曾经有一位年轻的读者给杨绛先生写信，信中描述了自己的诸多困惑。杨绛先生在回信中说：你最大的问题，就是读书太少而又想得太多。

其实，对于绝大多数人来说，除了读书太少外，最大的问题往往是想得太多而又做得太少。

"罗辑思维"公众号的创始人罗振宇曾经喊出一个响亮的口号——"成大事者不纠结"。细想下来，成功者大多是执行力超强的行动派，他们不会原地踏步，设想所有可能发生的情景，而是马上行动，在行动的过程中去解决问题。

在这里，我想给同学们，尤其是低年级的同学几条建议：

一是定好目标，不断推进。我经常跟同学们说要做好未来的规划。但是我们也清楚，方向可能是会变的，如果现在就无比纠结 4 年或者 9 年后的工作（本硕博 9 年），可能就会陷入焦虑的恶性循环中。当下最重要的，是明确自己近期要完成的任务，每天按部就班地向着自己的目标努力，这样就会过得很充实。

二是立足当下，脚踏实地。要善于寻找适合自己的学习方法，尤其是低年级的同学，要尽快实现从刚入学时的新奇、憧憬、充满幻想到踏实、静心、脚踏实地的转变，在学习中变"被动"为"主动"，只有这样才能更好地适应大学生活，更快地融入新的环境。

三是积极主动，合理审视。经历过疫情时期的宅家学习，大家或多或少都具备了线上学习知识的能力。但大学所学的内容不局限于老师所讲的内容和书本教材上的知识，同学之间的讨论交流、学术讲座、社会实践等都是促进自我发展、丰富自身学养的有效途径，要善于充分利用资源，将所学的知识有效地消化、整合，才能"更上一层楼"。

所以，我给小源的意见是：不要想那么多"够不着"的事，现阶段要做的就是好好学习，认真掌握所学知识，力争在专业课上取得理想的成绩。如果学有余力，还可以多参加活动、竞赛等，在活动中丰富自己的大学生活。

读书是自己的，与任务无关

在我读博时，博士生导师曾要求我们每个月读 20 本书，之后进行图书主题和研究方法的汇报。

某个月，我只看了 5 本书，其他的只是粗略地翻了翻，但是为了应付检查，我还是用旅行箱把所有的书从上海扛到了南京。课前，当我拿出一本本厚厚的大书时，我都被自己的"好学精神"感动了。

"第一本书讲的是……第二本书……"汇报时，老师在旁默默记录，一言不发。当我战战兢兢讲到第 10 本时，老师问了一句："这本书还用了什么研究方法？"

我脱口道："历史逻辑的方法……"

老师让我详细地说一说。

我使劲回忆书本的内容，却怎么也想不起来，脸涨得通红，不得不诚实地坦白："老师，这些书我都没有认真地看过。"导师看着我，掷地有声地说："我让你们看书，不是为了汇报和应付，读书是自己的，与任务无关。"

回忆起这两周，当然也可以找出很多借口：工作太忙，带孩子太累……但是时间挤挤还是有的，说到底还是自己的畏难情绪和惰性导致的。

"读书是自己的，与任务无关。"导师的话再三地在我的脑海里响起。我正是将读书当成了任务，又觉得看 20 本书太多、任务太重，才为了应付差事草草翻阅了事，最终被导师狠狠地教育了一通。

这几天我一直在反思：为什么我们满心期待制订的详尽计划却总是不能实施？为什么我们满是决心立下减肥的 flag（此处为网络用语）却总是不成功？

总是让别人觉得自己那么忙碌，那么拼命，在微信朋友圈里晒了那么多的辛苦和付出，收到那么多点赞和好评，但到了年末为什么却感觉空空如也，什么也没有留下呢？

因为很多时候我们把生活、工作都当成了任务。对待这些任务，我们只追求完成，哪怕是草草应付了事，而对于任务完成的质量却并不关心、看重。

朋友小丹报了心理咨询培训班，一直没怎么去上课。那天晚上大雨滂沱，她却义无反顾地奔去学习，然后嘚瑟地给我发微信，还"晒"了微信朋友圈。我问她："有必要吗?"她说知道自己不会认真听课的，但是想攒点考试人品。

学生小洋学习特别用功：努力地听课，努力地记笔记，努力地泡图书馆……但是成绩还是很差，一直在中下游徘徊。后来与他交流后才知道，小洋所有的笔记只是在搬运而已，所谓的学习时间往往用于刷微博、发微信，因此学了和没学没有什么区别。

学生在图书馆打游戏、看剧，小丹在大雨中奔赴培训班，小洋看似努力地学习，其实和我搬着 20 本书赶高铁一样，我们把去图书馆、去培训班、看书这些"表象"当成了任务。

我们所谓的"努力"，只是表象上完成了任务，只是为了感动自己，只是为了证明自己花了很多时间。为了追赶任务，我们忽略了寻找正确的方法，忽略了全身心地投入去做，忽略了思考和总结的过程。更重要的，我们忽略了完成这些任务的机会也许只有一次，这样的经历也许也只有一次。如果不能用心地生活、工作，那么消耗在这些"任务"上的时间就是我们浪费的光阴，既不能重新来过，又无从找补，无法挽回。

很欣赏下面的这一段话，希望能够激励自己，也能鼓励你们。希望我们不再把生活、工作和读书当成任务，让生命的每一分、每一秒都值得纪念：

那些真正努力的人，也许并没有这么勤奋，也没有过得那么痛苦，因为他们并不期待短期努力即刻就有巨大的回报。

他们选择了一个正确的方向，以专注和热情持续浇灌，以一种正确的、智慧的方式缓慢且平和地前进着。

他们可以一边努力一边享受当下的生活，他们所有的努力都不是给别人看的，而是为了自己内心真正的追求。

坚定自己的目标吧

期末考试结束两周后，学生小勇给我留言："老师，这学期我退役复学并成功换到了其他专业，也取得了不错的成绩。"小勇能够有明确的理想和目标并为之努力，取得一点一滴的进步令人感到欣喜。在为他高兴的同时，我也不由得感慨这背后的艰辛。

时间回到两年前，得知小勇终于可以去当兵的消息，我真的异常高兴。这么多年，送了很多同学去军营，小勇应该是里面最"折腾"的同学了，没有之一。也正是因为折腾，所以得知结果的时候，我们才格外珍惜与感动。

小勇刚进大学的时候就想去当兵，很多人很奇怪，以为是家庭的影响。事实上他们整个家族的人都没有当兵经历，小勇纯粹是觉得当兵很酷，又能保家卫国。

最初，家人并不支持小勇去当兵，尤其是父亲，觉得当兵会"浪费"两年宝贵的学习时光，但是小勇态度很强硬，家人拗不过，还是让他去试一试。

于是大一上学期结束时，他第一次报名参军。初检和政审都很顺利地通过了，但是后来由于疫情，这次征兵被取消了。

时间到了大二，他第二次报名参军，初检和政审也很顺利，还参加了欢送会，进行了役前训练，但是最后还是没能去成。原因说来也颇具戏剧性。因为大一的经历和这一路上的顺利让他自认为参军已经是板上钉钉的事情，所以在复检前的那一个月饮食无节制，太放纵自己，结果复检没有通过。

时间来到了大三，这或许是小勇最后一次机会了，不允许出任何差错。大二复检失败后，小勇也在分析原因，应该是自己饮食没有节制导致的，最胖的时候达到了 190 斤。看着小勇的努力，当兵的选择也得到了父亲的支持。在家人的帮助下，他决定减肥，早晚跑步 8 公里，并改掉了不合理的饮食习惯。最终，小勇在两个月内成功减了 30 斤，顺利通过了体检。

初入军营，小勇也经历了很多困难：身体上的疲乏、心理上的落差、性格上的不合群……好在他身上有一股不服输的劲儿，他克服困难，凭借着出色的表现获得了不少奖项。回忆起难忘的军旅时光，他说："感谢两年军旅真真切切的磨砺，也庆幸自己当初坚定了入伍的决心。"

就像小勇拥有参军梦想一

样，我们大家都有属于自己的目标，只是很多都被放弃了。

是的，世界上最容易的事情就是放弃，坚持了不一定成功，但放弃一定很轻松。那既然这样，为什么还要坚持呢？因为大学生活中，我们能放弃的太多了。加入一个社团，本想培养自己的兴趣爱好，但因为课业繁重，就想退出了；加入一个科研小组，本想锻炼自己的科研能力，但总是得不到自己想要的结果，于是想放弃了；办了张健身卡，本想好好运动，立志减肥，但总因为各项琐事，无法坚持，也想放弃了……

当可投入的"付出"和可预见的"收获"在决策的天平上失去平衡时，果断放弃不失为一种好的策略。术业有专攻，而且人的精力总是有限的，我们要把有限的精力放在自己认为有意义的事情上。在无法逃避的选择面前，我们可以为自己保留一份"放弃"的选项。

但是，我们不能总是把这个当成放弃的理由。人生的目标有很多个，而且很多是我们不能放弃的。在追求这些目标的道路上，也总会出现相互干扰的情况。今天你逃避了这件事情，明天可能还是得面对另一件事情，除非你永远选择放弃。坚持和放弃，其实都是一种习惯。你这次放弃和逃避了，下次你大概率也会选择放弃与逃避；而遇到困难选择坚持面对的人，在以后的困难中，也大概率会选择坚持，勇敢地去面对。

人生不易，且行且协调，且行且珍惜。所以，请坚定自己的目标吧！

为什么入党呢？

　　每逢新生开学，都会有学生咨询要不要入党。南京航空航天大学的徐川老师在网上回答了这个问题，说得特别好。他说他和很多学生谈入党动机时，同学们要么说"从小爷爷对我说，吃水不忘挖井人"，要么答"我的爷爷说，做人要有报恩之心"，或者爷爷说过"我们家都是党员，根正苗红，你要向党组织靠拢"。所以，曾经他以为全中国每个家庭都有一个叫你"一定要入党"的爷爷。

　　我的爷爷和父母都是普通农民，没有给我多少入党启蒙。

　　我一直在想，我们为什么要入党呢？因为家里没有党员前辈，所以我讲不了"爷爷"，但我身边有很多优秀的党员同学，并且平时互动很多，我想他们的故事应该值得借鉴。

一

　　周二，有位家长联系我，希望帮忙给他上高三的儿子介绍一位物理家教。家长每周末带小孩过来，给的价格是 120 元一个小时，每周三个小时，每月大约 1 400 多元。我想到了今年博一的闻捷和爱乐，但当我给他们打电话的时候，他们都一口回绝了。他们说学业很忙，更愿意把时间花在科研上。可让我触动的是：在上周，学院找学业辅导员，需要每周花一个晚上三个小时在会议室为同学们做无偿解答，当我联系他们时，他们却二话没说就答应了。上学期，学院筹备学业辅导的工作，希望一些优秀的党员学姐学长能够为学弟学妹们做学业指引，他们两人第一时间报名参加，已经风雨无阻地做了一个学期。

二

李光宇是物理学专业直博生，任激光等离子研究生党支部学生支部书记，乐于助人。因为开学党建工作很多，我想联系一名学生党员来协助。于是我联系了光宇，他当时回绝了，理由是博三科研压力很大。但是，第二天光宇又给我发信息说："梁老师，我来做吧，毕竟我是党员，我就应该承担这份责任。虽然有时会很忙，但我会努力做好这份工作。"

三

梅春练同学在高三时就入党了。因为是高中党员，我们常常赋予她更多的责任与期待。可以说，有事情我们往往第一时间想到她。她也一直担任学生党支部书记，此外她还做过致远学院物理班的班主任，加入思源公益支教队，积极参与各项党组织活动并策划多种党校活动。曾有人问她："这些事情和党员身份有什么必然联系吗？"她说："如果党员身份一开始是鞭策自己在力所能及的范围内将更多温暖传递给身边的人，让自己变得更优秀，那么，我想一个党员成长的过程就是将能力和品质不断内化，让服务人民和建设社会的信仰变得根深蒂固。"

是什么让爱乐和闻捷不去做家教，却毫不犹豫地扛起学业辅导员工作？是什么让光宇即使科研压力很大，也要接下党建的工作？是什么让春练乐此不疲地参与各类志愿者活动？我想答案很简单，是"党员的责任、奉献与担当"。

上海交大的入学第一课是听取学校党委书记所作的报告"选择交大，就选择了责任"，这个传统已经坚持了多年。选择了交大，就是选择了身为交大人的担当。在交大的校史上，十多万精英人才在各行各业发光发热、奉献自己。入党亦是如此，选择了入党，就选择了一种信仰、一种情怀、一种奉献，意味着要全心全意为人民服务。

有些同学因为出国问题而犹豫入党，其实未来能否出国、是否开展国际化工作还是看个人能力。每年都会有许多优秀的交大党员学子出国深造、进入外企、外派出国工作，党员身份并没有成为他们的阻碍。相反，正是党员身份让他们在本科、研究生阶段不断提升自己，让他们有较高的个人能力，足以收获优秀大学、公司的 offer。当然，入党的动机应该是纯粹的，希望同学们能够想清楚再递交入党申请书。

《中国共产党章程》的第一句话就明确指出："中国共产党是中国工人阶级的先锋队，同时是中国人民和中华民族的先锋队，是中国特色社会主义事业的领导核心……"党员的先锋队身份既是为了向优秀人士看齐，更好地督促自己，同时也是为了更好地为人民服务。所以，任何时候入党的动机都不应该是一些物质利益或是某些空洞的陈词滥调，而更多的是源于入党服务他人这样一件事所带给自己的责任感和使命感。在承担责任当中、在奉献青春当中实现自我，从而使自己变得更加优秀，当然也更加快乐！

来到美国，我发现自己更爱国了

飞机抵达旧金山国际机场，出舱的那一刻，同行的宋老师和我打趣："梁老师，使劲呼吸，感受一下这里的空气有多'香甜'。"在这之前，美国对于我来说是一个"别人口中"的国度；现在，我踏上了这片土地，我想摒弃所有之前的认知，亲身体验和感悟这个国家。

从旧金山到伯克利有一个小时的车程，一路上有小山，有大海，有宽敞的街道，还有怡人的温度。到学校安顿好住宿后，我就迫不及待地参观起这所坐落在小山上的校园。加州大学伯克利分校的校园非常安静、美丽，标志性建筑——钟楼，诺贝尔奖获得者的专属停车位，翠柏山坡，潺潺流水，一切都是那么祥和。

但这种舒适的感觉很快就被打破了。我们住的宾馆和上课的地点之间大约只有一千米的距离，一路上就遇到了好几个流浪汉。衣衫褴褛的他们惹人生怜，却又隐约让人不安。有一位在伯克利分校读博的学生过来看我，和我说的第一句话就是"注意安全，晚上天黑后千万不要出门"。伯克利分校的学生是有警察 Oncall 服务的，就是晚上天黑后，他们可以打电话求助警察将其护送到地铁站，但是访学的老师不一定有。

"注意安全！"这是在美期间听到最多的一句话。真有这么危险吗？这是留学生们的夸大其词还是真实情况呢？我询问了当地的老师，她笑笑说："没有那么夸张啦，大多数地方都是安全的，不过你要学会区分，例如，流浪汉比较多的地方，例如，晚上的地铁站附近，例如……"

我没想到，在这里，"安全"居然是一个需要时时刻刻关注、留神、警惕的事，尤其是要注意天黑后尽量不要出门。我不禁想起在交大的时候，经常深更半夜在校园里穿梭。

在美国访学时，我们曾去南加利福尼亚大学（以下简称"南加大"）交流了一天。校园中的罗马式风格建筑让我眼前一亮，觉得很特别、很喜欢。但令我格外注意的是，校园里的报警器几乎处处可见。直到在回来的路上，我才从一位曾经在南加大留学过的学弟那里得知校园里报警器的作用，不禁大吃一惊。

南加大校园里每隔几十米就有一个自助求救装置、小黄衣保安巡逻，还有一个 App 可以随时报警，举报可能存在的违法行为，甚至还有一个"SafeWalk"功能——一个人走夜路时可以把你的目标地点和当前位置发给朋友，这样朋友能全程看到你的踪迹，以防一个人走路发生意外。

学弟强调，虽然南加大不安全，但是"特别有钱"。斯坦福大学特别有钱，加州理工学院也特别有钱……学校有钱的同时也代表着高额的学费，现在美国几乎所有名牌私立大学学生每年的开销都在 5 万美元以上，公立大学也要 2 万美元左右。学生想进入这些名校，除了要有出色的 SAT（即学业能力倾向测试）成绩和平时成绩，还要有突出的才艺，丰富的社区服务经历，要与众不同……这靠学生自己的努力和造化是不够的，还要靠家长投入大量的人力、精力和财力。所以，在美国，平民学生进入顶级学校是凤毛麟角。

同行的宋老师问我是否发现了我和他的一个共同点。我们相视而笑：我们都不是上海人，但都通过高考改变了人生轨迹，来到上海奋斗和生活。我们都来自小地方，宋老师来自山东农村，同行的肖老师老家在湖南的某个山村，任老师来自内蒙古，来自浙江的我倒成了距离上海最近的人……我们都出生在现在所谓的"寒门"，家境普通，没有任何的家庭背景，但是我们都凭借自己的努力，在上海这个大城市慢慢地扎下了根。但在美国，这也许是难以想象的，上私立名校的学生大多数都是有钱人。

归途中，我们同行的七位老师庆幸自己南加大"冒险"成功，聊着聊着，就说到了"吃"。我说我想吃学校门口的烧饼，唐老师说想吃回锅肉，肖老师说想吃酸菜鱼，宋老师听后苦笑道："我的要求很简单，只要一碗米饭和一袋榨菜就满足了。"就在前一天，他花了 200 元吃了一份西餐，结果回去还要吃泡面。曾经觉得"魔都"人潮拥挤，广场喧哗，还有夏日炎炎……如今这一切都变得那么美好。

在这访学的一个月里，我们见到了很多中国移民。讲起祖国，他们都惊讶于她的发展。还记得在洛杉矶街道上碰到的一位爷爷，他是随着子女移民到国外的。他和我们说："出了国，才明白祖国真的好，我爱我伟大的祖国！""我爱我伟大的祖国"，这句听着有点矫情的话却那么真实和令人感动。祖国就是那个自己抱怨千百遍却不允许别人说不好的地方。在这异国他乡，我也深刻体会到了"祖国"两个字沉甸甸的分量！

2017 年 7 月底，建军 90 周年阅兵仪式在朱日和训练基地举行。顶着归国的时差，我看完了全程，感到非常震撼与自豪。"我坚信，我们的英雄军队有信心、有能力打败一切来犯之敌！"习近平总书记发表的重要讲话铿锵有力，让我感受到了强大祖国给予的强大安全感！

在写这篇文章的时候，有朋友劝我别写了，他说表达爱国是一件"奢侈"和矫情的事情，可能会被喷、会掉粉。我和他讲起一个学生的故事：几个月前，马里兰大学留学生杨同学的演讲视频在互联网流传、惹得群情激奋的时候，有一名在讲座现场的学生给"辅导员娘亲"公众号投了一篇稿子。当时我问他："稿子是实名还是匿名？"这名学生掷地有声地回复："为国发声，何须匿名？这也是我的心声，我爱祖国，何须隐晦？"

是的，我永远爱你，我的祖国！我永远爱你，中国！

唯有努力不辜负

应届生的求职季，既让人忙碌又焦虑，也充满着渴望与期待，即将硕士毕业的向玲就是当中的一位。昨天，在微信朋友圈看到她晒出了自己收到的 offer，言语中有激动也有自豪。华为的邀请意味着她的研究生生涯即将画上一个圆满的句号，也意味着她将开启一段全新的旅程。

作为老师，为她高兴的同时，也有感慨，因为我深知这背后的不容易。向玲来自安徽黄山一个贫困山村，家里除了她，还有一个弟弟。向玲从小就特别听话，很小就开始做农活，采茶、挖茶园、割稻子、种油菜、割油菜，样样在行。之后，她考上了安徽大学，本科毕业后又以优异的成绩保研交大。这期间，她通过国家的助学政策和学校的勤工助学完成学业，几乎没有花费家里一分钱，并且已经开始反哺父母。

对于向玲，还有一件开心的事，就是即将于东南大学本科毕业的弟弟也顺利签约了深圳的一家公司。向玲说："从来不觉得家里经济困难有什么，父母给予的乐观、自信的教育是一辈子的财富。"

和同事统计后发现，学院每年都有三分之一的同学来自经济困难的家庭。每当看着同学们，尤其是家庭环境并不是那么好的同学，通过自身努力，不仅改变了自身，也改变了家庭的命运时，便会心生感慨。看着同学们逐渐成长进步，从初入大学时的稚嫩、懵懂到毕业时的成熟、稳重，是作为老师特别幸福的时刻。

"每年五四前后，这个时间我是留给青年人的，到年轻人中间和青年学生相处，到学校看看。"青年人，是习近平总书记反复提及、挂念和关爱的群体。

多年前，当向玲的交大学长、来自甘肃兰州的寇斌权坐上到上海的火车时，他没有想到之后的学生生涯会这么长。高中的时候，一本讲述20 世纪初量子力学蓬勃发展的科普读物《上帝掷骰子吗?》让他对奇妙的物理产生了兴趣，探索未知的物理世界也就成了他高考和读博时理所当然的选择。

斌权大三时就加入了后来攻读博士学位的课题组，起初只是被导师的研究内容所吸引，后来开始承担大型项目的重要部分，加班加点的实验室生活也逐渐变成常态。读博期间，他对颗粒系统产生了兴趣，在导师的指导和上海瑞金医院影像科老师的帮助下，从搭建实验装置开始到逐步学会运用医用 CT 成像，成功获得了宝贵的动力学数据。九年磨一剑，随着持续的数据分析，他在世界顶级杂志《自然》上以第一作者身份发表了论文。

面对别人敬佩的目光，斌权却不为所动。他笑言，这是多年的努力换回的收获，只是没有辜负时光而已。对斌权来说，大学给予自己的不仅仅是良好的科研环境和国内外的优质资源，也不仅仅是优秀的老师和思维迸发、志同道合的青年人，更重要的是让他明白坚持不懈、不断前行的意义，让他体会到"梦想有多大，实现的可能性就有多大"这句话的意涵。

2016 年，15 岁的赵德煜被确诊为骨癌。经历了多次化疗和手术，终于重返校园的他在 9 个月后意外摔倒，不得不选择截去左下肢。一年后的高考，仅仅一分之差，他又与自己的梦想——中国传媒大学擦肩而过。面对命运的捉弄，赵德煜选择活出自己的精彩。进入西北师范大学传媒学院播音与主持艺术专业学习后，他不断挑战自我，参与演讲、主持等各种比赛，还积极参加暑期"三下乡"等实践调研和志愿服务。参加志愿服务活动时，由于腿部长时间与义肢摩擦，赵德煜常常感到疼痛，但每当有人问起他为什么这样做的时候，他总是说："淋过雨的孩子会更想为别人撑伞。"

在"21 世纪杯"的颁奖典礼上，他发表了题为"穿越绝境，依旧热爱生活"（Seeing the world as it is and loving it）的演讲。2023 年，赵德煜被中央宣传部、教育部评为 2022 年"最美大学生"，是全国 10 名获此殊荣的大学生之一。

在庆祝中国共产主义青年团成立 100 周年大会上，习近平总书记这样深情寄语青年："中华民族是历史悠久、饱经沧桑的古老民族，更是自强不息、朝气蓬勃的青春民族。在 5 000 多年源远流长的文明历史中，中华民族始终有着'自古英雄出少年'的传统，始终有着'长江后浪推前浪'的情怀，始终有着'少年强则国强，少年进步则国进步'的信念，始终有着'希望寄托在你们身上'的期待。千百年来，青春的力量，青春的涌动，青春的创造，始终是推动中华民族勇毅前行、屹立于世界民族之林的磅礴力量！"新时代，请做一个有理想、敢担当、能吃苦、肯奋斗的好青年，让青春在全面建设社会主义现代化国家的火热实践中绽放绚丽之花。

新时代，唯有努力不辜负。

附录：大学生常见问题解答

学生：大学是一个什么样的地方？

娘亲："大学之道，在明明德。"大学是接受高等教育、陶冶情操、培养人格的地方。在大学里，同学们能接触各种各样的社团活动，参加更为深入的学科研究，结交来自五湖四海的朋友，拥有终生难忘的美好回忆。"穷则独善其身，达则兼济天下"。未来，同学们走出大学，将会成为社会进步的中坚力量，大家的思想、涵养在一定程度上引领着社会的思想、涵养，而大学将在培养你全方位素质的过程中起到极为重要的作用。

学生：大学和高中的不同之处在哪里？

娘亲：高中的学习是单线程的、灌输式的；而到了大学，不仅有学习，还有更加丰富多彩的社团活动，以及高中很难接触的跟随学术牛人进行科研的机会。如果说高中有老师督促你去学习，大学则需要你自主学习。大学大部分的学习内容都需要靠自己去完成，自由程度远远超过高中。高考是到达大学这个平台所要通过的"独木桥"，而到了大学这个平台，如何"起舞"就在于你自己了。

学生：为什么要上人学？

娘亲：前段时间互联网上有一场激烈的争论，主题就是"为什么上大学"。有一篇点击率很高的文章概括了大学的十点收获，分别是：友谊、修养、独立思考能力、知识、学历、文凭、人际交往能力、见识、自我成长、美好的回忆。大学的作用和功能很多，但是最重要的一点你应该明白：如果说以前我们可以依赖家长、老师，大学则需要我们自己做主。大学四年是最宝贵的，"未来怎样"谁也不能确定，只有靠自己去规划、去实现。

学生：对于大学生活，我可以有什么期待？

娘亲：在大学里，同学们有更多施展自己才华的机会。在学生组织和社团里，你们可以和志同道合的朋友一起办活动、组乐队、办演唱会，也可以在自己感兴趣的科研方向上进行更加深入的研究，跟着老师申请项目，接触国际前沿的科研成果。大学不是纯粹灌输知识的地方，而是让你从"未成年"的学生成长为有责任、有担当的社会人才的地方。

学生："我"之于大学是怎样的角色？

娘亲：对于各位同学来说，你们不是大学的过客，而是大学活生生的组成部分，大学因为有你们而变得灿烂。"我"在大学四年间，不仅仅是被教育、被培养的角色，千千万万个"我"聚在一起，又塑造了大学的精神和形象，两者是相辅相成的。学术之精神，在于大学的师生们；而校园之精神，则在于无数个"我"。是"我"的坚持，让大学精神在校园里一代一代传承。在校内，"我"和周围的同学一起努力，提升自己的综合素质，成为一名优秀的学子；在校外，"我"因大学生的身份而更应该勇于担当，挑起责任，从优秀变得卓越。

学生：大学期间的作息时间是怎样的？

娘亲：在大学里，作息安排相对高中要更为灵活自由。上课一般是从早上八点开始，到晚上八九点结束。大一时，早上八点的课比较多。刚入学的那段时间，由于暑假的休整可能还不能适应早起的生活。晚上的话，学生刚进大学那会儿会比较兴奋，一般会睡得比较晚。

学生：进了大学后每天都睡不醒，怎么办？

娘亲：过了一个暑假当然会不习惯早起啦！希望大家尽量在晚上 11 点前睡觉，第二天上课千万不能迟到。闹钟一定要设好，觉得自己起不来就多设几个吧。如果觉得自己实在是"睡货"一个，那只有严格安排好自己的时间规划，什么时间该做什么就做什么，抓紧每一分每一秒，提高效率，只有这样才能让自己在保证睡眠的同时又有丰富多彩的大学生活。

学生：如何平衡学业和学生活动？

娘亲：这是很多同学的困惑，需要明确的是：作为学生，任何时候学习都是最重要的。这话可能你已经听过很多次了，但这是真正的大实话。那么，应该如何平衡呢？第一，选择社团组织要少而精。只选择一两个喜欢的组织，用心参与，而非广撒网。第二，学会认真和专心。学习时就好好学习，工作时就好好工作，切勿"一心两用"。第三，学会分配时间，提高做事效率。常言道："时间就像海绵里的水，挤挤总是有的。"大学有很多空余时间，就看自身安排了。有效提高时间利用率其实是能够兼顾多方面的。

学生：什么是辅修？辅修专业选择上需要注意什么？

娘亲：辅修一般指在学习本专业课程以外，利用课余时间学习第二专业的课程，修够一定学分后由本校颁发相应专业的辅修证书。选择辅修专业一定要注意两点：一是辅修专业一定要是自己感兴趣的，不然很难坚持；二是可以结合自己未来职业方向和本专业要求选择辅修专业，让辅修专业给自己的人生发展和本专业学习添砖加瓦。

学生：虽然决定了以后要出国，但是感觉现在有好多事情想做，没有时间准备，怎么办？

娘亲：在大学期间，最重要的就是确定目标。既然决定了出国，就要朝着这个方向好好努力。对于出国来说，标准化语言能力测试（托福、雅思）和 GPA（Grade Point Average，即平均成绩点数，简称平均绩点）都是相当重要的。但是大学不应该只是学习和准备考试的地方，我们还有很多梦想、很多想法可以去实现。例如，可以去学乐器，可以去做志愿者，可以参加社会实践，等等。

从目前老师身边的学生来看，在自己真正喜欢的事情上有所建树的那些同学，毕业之后深造问题都不大。关键是不要只想着做自己"想做"的事，而是要把时间严格规划好，对每天花多少时间或者每周花多少时间要有所控制，同时保证学习时间。这样的话，不仅能使你紧张的学习生活有所舒缓，你的爱好也能够在你申请出国的文书上增添一抹亮色，何乐而不为呢？

学生：对于毕业以后找工作的同学来说，成绩是不是没那么重要啊？

娘亲：成绩当然很重要！进入了大学，对自己应该严要求、高标准，不能浑水摸鱼。但是凡事都有相对性，如果真的决定了毕业之后就工作，那么在保证自己的成绩比较优异的情况下，可以多参与一些与将来就业相关的活动，提升工作技能和社交技能。如果将来想从事的行业或目标公司对 GPA 有一定要求的话，那更不能瞎混混啦。GPA 一定要高，不然连网申都很难通过。

学生：虽然认识的人很多，但是一个人静下来需要找人说话的时候却不知道该找谁，怎么办？

娘亲：来来来，我们好好聊聊。作为一个长期奋斗在一线的心理学业余研究人员，娘亲以一颗赤诚的心，欢迎大家来聊天、咨询、求安慰。当然，你们还有很多同门师兄妹们、老乡、校友以及思政老师、班主任和辅导员可以聊。如果有些悄悄话不吐不快的话，那就找一个"树洞"尽情说吧。

学生：室友一直很晚睡觉，每天被他吵得睡不着，感觉好狂躁，怎么办？

娘亲：冷静冷静，先别急着"暴走"。对待晚睡还死不悔改的同志们，我们要给予精神上的关怀。首先，"晓之以理"，明确地告诉他晚睡对身体的危害，比如白天精神不振、容易生病等；其次，"动之以情"，声情并茂地将你的委屈、苦楚一一道来，请他发扬风格，以身作则。如果上述方法都不管用，你可以寻求辅导员、班主任或宿管阿姨、大叔的帮助。

学生：现在经常会和朋友出去交际应酬，又怕落下学习，这样真的好吗？

娘亲：亲们，身体是革命的本钱，即使不怕落下学习，与朋友的交际应酬也要适度、适量哦！作为一个有思想、有追求的大学生，我们还是要多读书、多看报，少吃零食、少睡觉……学习成绩呢，当然非常重要，如果平时不抓紧，期末可就要抓狂了，尤其是一些理科课程，期末考试难度系数五颗星，包你考一次终生难忘。至于交际应酬，则要学会选择，学会说"不"。

学生：在一个性别比例失衡的班级里学习，是一种怎样的体验？

娘亲：听一名班级性别比例严重失衡的女生说，班里有对女生非常体贴的男生，也有"冷男"，和正常的班级并没有多大区别。其实并不用担心班级里同性朋友太少，因为在院系、学生组织和社团中，你会遇到很多志同道合的同性朋友。

学生： 在与同学的日常交往中有哪些注意事项？

娘亲： 如果只用一个词语的话，我想是"尊重"。每个同学的成长环境和家庭背景都是不同的，即便家人之间也会有矛盾和摩擦，更何况是来自天南地北的你们。所以首先要做到的是尊重，学会欣赏、接纳他人，学会求同存异。我们常说"生活是一面镜子"，你希望别人怎么对你，你就怎么去对待别人。尊重他人就是尊重自己。除此之外，真诚、礼貌、爱心都必不可少，还需要保持适当的空间感和距离感。

学生： 勤工助学是什么？有哪些方式？

娘亲： 勤工助学是指学生利用课余时间、通过自己的劳动增长才干并获得报酬以改善自身学习和生活条件的行为。除了校外的各种兼职，校内也有很多岗位。如果你活泼好动，体育馆勤工助学是不错的选择；如果你文静娴雅，可以考虑成为图书馆兼职管理员；如果你想"开宗立派，广育桃李"，欢迎加入家教队伍……还有很多岗位，在此不再赘述。

学生： 进大学以后就想经济独立，做兼职也赚了不少钱，但是感觉要跟不上课程进度了，怎么办？

娘亲： 再次敲黑板，学习才是学生的天职，切记不能跑偏啊！钱什么时候都可以赚，老师的辅导和学习的时间可是千金难买的。还有期中期末、每周小测等各种考试要应付。要是不抓紧时间"打怪练级"，光顾着"攒金币"，过不了关那就"悲剧"了。还有，补考有风险，重修需谨慎！至于独立，不要心急，现在我们还处于智力投资的阶段，这是一个长线过程，如果想得到更大的回报，千万不能急于一时。

学生：整天想逛"淘宝"怎么办？

娘亲：同学，要克制啊，我们要化欲望为力量。具体措施方法如下：每次想要打开淘宝 App 之前，先默默翻出词汇书，背 20 页单词，冷静一下。如果在背完 20 页单词之后，你的欲望已经被成功地压抑或者破解，那么恭喜你，这个方法对你很有效，可以长期实施，直至"药到病除"。当然，如果还是非买不可，那么请买完之后再加 20 页，或酌情加量。如果能戒掉网购瘾，固然是成功了；如果戒不掉的话，单词量噌噌往上涨好像也很不错。过度刷抖音、上 B 站等行为也可以借鉴这个方法哦。

学生：大学一个月的合理开销是多少？

娘亲：其实"合理"是因人而异的，根据家庭经济情况的不同，合理开销的多少也是不同的。因此，我们说合理开销，其实是说要养成合理的消费习惯，而不是根据消费金额的多少来判断。大学刚开始，需要添置很多生活用品，也有很多社交活动，几个月下来可能发现自己的小钱都"不翼而飞"了。因此，养成良好的消费习惯、避免不必要的开销，是拥有美好大学生活的一大要素。

那么，哪些消费习惯是好的呢？首先，记账是必不可少的。通过记录自己的收支情况，可以随时掌握自己这个月是用得多了还是攒了一些小钱，并据此及时调整支出。其次，给自己制订消费计划也是个好习惯。规定好自己每个月的伙食费、娱乐费等，还可以有计划地攒钱给自己买一件期待已久的礼物。当然，一开始计划可能并不符合实际，但经过几个月的调整与磨合，科学地分配生活费或许不再是难题。

学生：上大学后想要报名参军，可以吗？

娘亲：当然可以啦！参军入伍是一件很光荣的事情，并且国家也出台了非常多的优惠政策，如减免学费、保留学籍、考研加分等。但是，当兵也不是一件容易的事情，需要通过严格的体检和政审，应征流程大致如下：兵役登记→报名（可以网上报名或现场报名）→报名确认→体检→政审→役前训练→填报志愿→定兵。

学生：上大学以后对同学没有亲切感，怎么办？

娘亲：因为大学的课程安排特点，同班同学不再像高中时那样可以朝夕相处，也就使同学之间的关系变得没那么亲切了。但是，我们也有了机会去认识更多志同道合的朋友。加入中意的社团、参加集体活动等都是帮助你寻找亲密好友的方式。平时多一些宽容、多一份关心，也更容易获得同学们的好感。如果真的缺乏亲切感，我们也不妨享受孤独。与外界分离，集中自己的思想，感知自我的存在与价值，又何尝不是一件好事呢？

学生：大学的寒暑假没有"作业"了，该如何安排假期生活呢？

娘亲：假期既是放松惬意的闲暇时光，又是提高和充实自己的黄金时段。老师这儿有些"一"计划，同学们不妨试一试：看一本自己喜欢的书、去一个新的地方、做一次家务、和爸爸聊一次天、和朋友聚一次会、去拜访一位老师、学习一项新的技能、做一件"好事"、给新学期列一个规划、静静地发一次呆……除此之外，一定还有很多你想做的事情，请利用假期去完成它吧！

学生： 在高中时，有很多熟悉的同学陪我一起上课、自习，但上大学后我几乎是独来独往，长时间一个人学习很容易内耗，娘亲有什么建议呢？

娘亲： 首先，我们不要惧怕"一个人"。在大学，大多数人的选择不尽相同。不论是舍友还是同专业的同学，在每个时间段都有自己要做的事情，所以我们不可能事事"有人陪"。我们要习惯一个人，要学会独立，更要学会自主地为人生做规划。其次，我们可以积极寻找学习伙伴，可以是同学、舍友、同乡，也可以是学校活动遇到的志趣相投的校友，相互监督，一起讨论学习问题、交流想法，共同进步。最后，一旦觉察到内耗情绪，要尽快调节，自己无法调节时一定要及时向外界寻求帮助。

后 记

当出版社编辑老师跟我提出本书再版建议的时候，我内心其实是抗拒的，因为出过几本书，知道出书时的纠结和彷徨，所花费的时间与精力总是预初设想的几倍。

编辑老师诚恳地解释道，《大学，你得好好读》出版后读者反响挺好的，因为书中许多的大学生活建议，可以为大学生们提供切实的帮助，但第一版是2018年出版的，距今已经过去六年时间了，大学生们有了新的困惑和迷茫，需要一本新的"好好读"作为指南。

我仔细翻看了第1版图书，又翻看了这几年写的学生周记，发现确实应该再版了。

2018年的时候，第一批00后刚进入大学，现在第一批00后已经毕业了，当中的疫情也或多或少影响着大家的学习和生活。

2018年的时候，互联网更多的还是文字创作时代，但是近几年短视频平台风起云涌，人工智能不断迭代。

内卷、躺平、佛系、摸鱼……这些网络词语都是近几年的热词，及时与大学生朋友们交流、沟通，了解他们的所思所想、所困所获，这也是我愿意再版的重要原因。

有变化，也有不变。不变的是，再版的文字同样是删去了冗长的说教和事无巨细的叮咛，重点关注当代大学生的价值引导、心灵成长以及人生规划。

因为我相信，只要身心健康、方向正确，朝着各自的人生目标不断奋斗，一定会有各自精彩的人生，不负青春芳华。

感念过往，感恩这一路上给予我支持、鼓励和帮助的人，因为你们，让我在自己热爱的工作岗位上勇敢地尝试和坚持，收获成长、满足与幸福。

感谢青年学子们，你们的绚烂青春和快乐成长是我工作的不竭动力，也是我力量的源泉和信念的支撑。

这些文字，这些故事，这些爱，都是你们对我的幸福成全。我希望你们，身处伟大新时代的莘莘学子，肩负使命，心怀责任，为了梦想而不懈奋斗、加倍努力！

一路上遇见你们，是我的幸福与幸运！

本书修订过程中得到了陆小凡、黎芮希老师和沙星雨、卢泽、金勇进、张锦怡等同学的鼎力支持，包括文章选择和文字修改润色等，在此表示衷心的感谢！